젊은 세대를 위한 신학 강의 2
그리스도의 몸, 교회

젊은 세대를 위한 신학 강의 2
그리스도의 몸, 교회

2006년 10월 18일 초판 1쇄 발행

펴낸곳 (주)도서출판 삼인

지은이 이현주
펴낸이 신길순
부사장 홍승권
책임편집 김종진
편집 최인수 강주한 양경화
마케팅 이춘호
관리 심석택
총무 서민아

등록 1996.9.16. 제10-1338호
주소 121-837 서울시 마포구 서교동 339-4 가나빌딩 4층
전화 (02) 322-1845
팩스 (02) 322-1846
E-MAIL samin@saminbooks.com

표지디자인 (주)끄레어소시에이츠
표지그림 Julius Schnoor von Carolsfeld, 〈Jesus Appears to Thomas〉
제판 문형사
인쇄 대정인쇄
제책 성문제책

ⓒ 이현주, 2006

ISBN 89-91097-52-9 04230
ISBN 89-91097-54-5 (세트)
ISBN 978-89-91097-52-0
ISBN 978-89-91097-54-4 (세트)

값 9,000원

젊은 세대를 위한 신학 강의 2
그리스도의 몸, 교회

이현주 지음

삼인

일러두기

1. 이 책은 1991년에서 1993년까지 3년에 걸쳐 펴낸 『젊은 세대를 위한 신학 강의』 1, 2, 3권을 개정하여 출판한 것입니다.
2. 본문에 인용된 성경은 개역개정판(2003년 3월 20일 판)입니다.

개정판을 펴내며

　그동안 절판되었던 『젊은 세대를 위한 신학 강의』를 손질하여 펴냅니다.
　15년 만에 다시 읽어보니 생각의 큰 얼개는 그때나 지금이나 별로 다를 게 없습니다만, 자세한 표현에서는 지나치고 모자란 구석이 꽤 있어서 많이 미안하고 부끄러웠습니다. 하여, 고친다고 고쳐보았는데 여러분이 읽으시기에는 어떨는지 모르겠군요.
　하나님이 사람들에게 많은 선물을 주셨지만, 생각할 수 있는 머리야말로 으뜸으로 좋은 선물이라 하겠습니다. 사람이 자기 머리로 생각할 수 있다는 것만큼 귀하고 소중한 보물이 있을까요?
　이 책은, 물론 제 생각을 펼쳐놓은 것입니다만, 여러분에게 그것을 강요하거나 꼭 이렇게 생각해야 한다고 주장하는 것은 결코 아닙니다. 오히려 여러분 스스로 질문하고 대답하면서 생각해볼 수 있도록 도움이 된다면 저로서는 더 바랄 것이 없겠습니다.

제일 먼저 쓴 『예수의 삶과 길』에서는 그리스도교의 알파요 오메가이신 예수 그리스도의 삶과 가르침을 정리해보았습니다.

예수 그리스도, 그분을 제대로 알고 그 가르침을 몸으로 실천하는 것이야말로 그리스도인의 모든 것이라 하겠습니다.

그 다음에 쓴 『그리스도의 몸, 교회』는 '교회론'이 되겠습니다. "교회는 그리스도의 몸"이라고 한 바울의 말에 기대어, 오늘 참된 교회로 존재하는 길이 어디에 있는지를 찾아보았습니다.

『탈출의 하나님』에서는 해방(탈출)을 신·구약성경의 주제로 보는 관점에서 모세와 히브리족의 출애굽 이야기를 다루어 보았습니다. '출애굽 이야기'는 옛날 팔레스타인에서 일어난 역사적 사실이면서, 오늘 우리에게서도 실현되어야 하는 현실적 과제입니다.

아무쪼록, 허물 많은 책이지만, 잘못된 물질지상주의를 극복하고 사람이 사람답게 살아가는 새로운 문명을 건설해야 할 오늘 이 땅의 젊은이들에게 조금이나마 도움이 되기를 바랍니다.

하나님과 예수님과 성령님의 은총으로 여러분의 삶이 건강하고 행복해지기를 빌면서……

2006년 9월 이현주

차례

― 그리스도의 몸, 교회

개정판을 펴내며 5
첫 번째 강의 | 청바지는 누가 만들었을까 9
두 번째 강의 | 나의 '숨', 숨의 '나' 25
세 번째 강의 | 목숨을 바쳐서 다시 얻는 목숨 41
네 번째 강의 | 죽으면서 죽지 않는 길 61
다섯 번째 강의 | 교회 밖에도 구원이 있다? 75
여섯 번째 강의 | 언제나 열려 있는 구원의 문 95
일곱 번째 강의 | 교회, 그리스도의 몸 123
여덟 번째 강의 | 교회, 살아 있는 몸 149
아홉 번째 강의 | 반기를 든 사람들 169
열 번째 강의 | 사람과 사람됨 193
열한 번째 강의 | 세례는 꼭 받아야 돼요? 225

첫 번째 강의
청바지는 누가 만들었을까

사실 '혼자(個人)'라는 말을 쉽게 쓰고는 있지만 따지고 보면 자기 바깥 세계와 동떨어진 존재란 뜻의 '개인'은 없단다. 이 세상에 존재하는 것은 크든 작든, 눈에 보이든 안 보이든, 하나도 빠짐없이 서로 얽혀 있는 거야.

애들아, 이리 오너라. 오랜만에 다시 모여보자. 이 신학 강의를 처음 시작할 때에는 슬기가 고3이고 기림이 중2라서 셋 모두 중고등학생이었는데 지금은 기림이가 고1이요, 슬기는 대학 2학년이니, 그 사이에 중학생이 사라져버렸구나. 참, 세월이 흐르는 물 같다고 빠르기는 빠르다. 이제는 실제로 너희 셋이 함께 모인다는 게 어려운 일이 되어버렸고 또 어쩌다가 모인다 해도 금방 헤어지지 않을 수 없도록 각자가 자기 삶으로 '바쁘신 몸'이 되었으니, 이렇게 너희 셋을 아버지의 '머리' 속에서 만나게 하는 수밖에 없구나.

좋다, 슬기 너는 북쪽에서 왔으니 여기 내 오른편에 앉아라. 소리는 남쪽에서 왔으니 왼편에 앉고, 기림이는 서쪽에서 왔으니 맞은편에 앉아라. 어머니는 나와 함께 이 집에 살고 있으니 가서 맛있는 과일즙이라도 만들어줘요. 함께 마시면서 그분 얘기를 들어봅시다.

그분 얘기라니, 그분이 누구냐고?

　여기 우리를 이렇게 살아 있도록 해주시는 분이지. 어마어마하게 많은 공기를 날마다 값없이 주시는 분. 슬기 너 사람이 하루에 얼마만큼 공기를 마시는지 알고 있니?

　__모르겠는데요?

　아버지가 어느 책에서 보니까 사람의 하루 호흡량이 자그마치 일만 일천 리터래. 일만 일천 리터를 쌀가마로 바꾸어 계산하면 몇 가마가 되느냐 하면, 놀라지 마라. 대충 계산해서 60가마쯤 돼.

　__와아, 그렇게 많아요?

　놀라지 말라는데 왜 놀라니?

　__하루에 공기를 60가마씩이나 먹는다고요?

　계산해보렴. 1리터가 0.055말인데 열 말이 한 가마니까 가마로 치면 0.0055 가마 아니냐? 거기다가 일만 일천을 곱해봐. 약 60가마 맞지? 사람이 하루 밥 세 끼만 먹고 사는 게 아니라 이렇게 엄청난 양으로 공기를 마셔야 산다는 사실을 미처 몰랐지?

　__몰랐어요.

　그 공기를 누가 사람에게 대주는 걸까? 어디 대줄 뿐이냐? 사람들이나 짐승이 쉬지 않고 내뿜는 나쁜 공기(독이 들어 있는)를 순식간에 맑은 공기로 바꿔놓는 일은 또 누가 하는 걸까?

　__하나님이요.

　옳은 대답이긴 하다만, 교회학교 선생님이 그렇게 가르쳐주시니까 그냥 생각 없이 "하나님이요" 하고 대답한 게 아니기를 바란다. 그런 식으로 대답하는 것은 쉽기는 하지만, 우리가 실제로 하나님을 깨달아 아는 데는 오히려 방해가 되기 쉽거든. 너희들, 서울에 살다가 온 사람보다 서울 구경도 못 해본 사람이 서울에 가면 어디에 뭐가 있고 어디에 뭐가 있고, 서울에 대해서 잘 안다는 말 들어봤지? 뉴욕 거리에 대하여 어디에 뭐가 있다느니 하고 말싸움을 할 때에도, 생전에 뉴욕이란 곳에는 가보지도 못하고 책이나 그림으로 공부한 사람이 거기 살다가 온 사람을 이긴다더라. 그런 거야, 세상일이. 그렇지만 정말 그럴까? 아니지, 직접 가서 살아본 사람만이 서울이나 뉴욕이 어떤 곳인지 알 수 있는 거야. 물론 책으로 공부한 사람이 서울의 크기라든가 인구수 또는 커다란 건물의 위치 따위를 거기 사는 사람보다 더 많이, 더 자세히 그리고 더 정확히 알 수는 있어. 그러나 그건 머리로 아는 지식일 뿐이고, 그걸 진정한 '앎'이라고 할 수는 없단다. 누가 가르쳐줘서 그런가보다 하고 알게 되는 것을 지식이라 하고 자기가 몸소 경험하여 이게 이런 거로구나, 하고 아는 것을 '깨달음'이라고 하는 거야. 하나님을 지식의 대상으로만 생각하면, '하나님에 대하여' 이렇게 저렇게 아는 것은 많겠지만〔하나님은 이런 분이시다, 하고 설명하는 말을 한마디로 신론(神論)이라고 하는데 얼마나 복잡하고 까다로운지 그걸 배우다보면 나중에는 그만 머리가 아플 지경이란다. 그런 걸 많이 알고 남보다 더 잘 아는 것이 곧 신학 하는 것이라고 생각한다면 참 딱한 일이지〕 '하나님'을 아는 깨달음과는 점점 거리가 멀어질 뿐이야. 그러니 "세상은 누가 만들었나요?" "예, 하나님이요" 하는 식으로 쉽게 묻고 쉽게 대답하는 습관은 우리가 정말 하나님을 깨닫는 일에 아무 도움도 되지 않는단다. 아니, 도움이 안 되는 정도가 아니라 오히려 걸림돌이 되기가 쉽지. 그래서 옛날 마르틴 루터는 "하나님을 의심하고 부정하는 무신론자가 무턱대고 하나님을 믿는 맹신자보다 더 하나님께 가깝다"고 말했다는 거 아니니? 바나나를 한 번도 먹어보지 못한 주제에 바나나에 관한 책을 잔뜩 읽고는 바나나에는 어떤 종류가 있으며 맛은 어떻고 영양분은 무엇 무엇이 들어 있다고 떠들어대는 것과 마찬가지 방식으로 '신(神)에 대한' 지식을 늘어놓는 게 신학은 아니거든. 그런 식으로는 아마 죽을 때까지도 하나님을 알 수 없을 거야.

─그럼, 그분이 누구예요? 우리에게 공기를 주시고 그래서 이렇게 살아 있도록 해주시는 분이?

아까 기림이가 '하나님'이라고 대답했잖니? 말인즉슨 맞는 말이야. 다만 아버지가 염려하는 것은 그 대답이, 누가 그렇다고 가르쳐줘서 자동으로 불쑥 나오는 그런 대답이면 곤란하다는 거지. 무슨 말인지 모르겠니?

─알 듯 모를 듯, 그래요.

좋아, 그 문제는 이쯤 하고 넘어가자. 앞으로 되풀이해서 생각하게 될 테니까. 한 가지만 명심해두렴. '하나님'이란 말을 할 때에는 함부로, 생각 없이, 불쑥 하지 않도록 조심해. 아무것도 모르면서 아는 척하는 것은 우리의 깨달음에 백해무익한 짓이란다. 차라리 모른다고 하는 게 훨씬 낫지.

'하나님'이란 말은 우리가 우리 모두를(사람을 비롯하여 우주 만물을) 여기 이렇게 있도록 하는 그 어떤 '분'에게 붙여드린 '이름'이야. 그냥 이름일 뿐이지. 이름이 곧 이름의 주인공은 아니잖니? '이현주'는 여기 있는 내 이름인데 이현주라는 '이름'이 곧 나는 아니거든. '하나님'이란, 우리가 뭐라고 불러야 할지도 알 수 없는 그 어떤 분을 가리켜 할 수 없이 붙여드린 이름이란다. 왜냐하면 이렇게 서로 부르고 대답하는 '관계'가 없이는 피차 아무것도 아니니까. 자꾸만 얘기가 어렵게 되는구나. 아무튼 사람의 말이라는 게 우리가 '하나님'이란 이름으로 가리키는 주인공의 모두를 담기에는 너무나도 작은 그릇이라, 말[言語] 가지고 신학을 하려는 것부터가 잘못인지도 모르겠다. 그래서 노자도, 도(道)에 대하여 긴 설명을 하려고 하면서 그 첫머리에 "도를 말로 하면 이미 그것은 도가 아니다 (道可道 非常道)" 하고 큼지막한 못부터 박아두었던 거야. 그러나 한편 그 도(道)가 없다면, 그 도가 운행을 하지 않는다면 "도가도는 비상도니라" 하고 말하는 사람 자신부터 있을 수 없겠지. 만일 우리가 '하나님'이란 이름으로 부르는 그 어떤 분이 없다면 여기 둘러앉은 우리 다섯 식구뿐만 아니라 우주 삼라만상이 한순간에 없어지는 거야. 그분이 없다면 우리가 어떻게 생각이라는 걸 할 수 있으며 생각이 없는데 말은 또 무슨 말을 하겠니? 생각은 머리로 하는 거고 깨끗한 산소가 없으면 머리는 한순간도 움직일 수 없는데, 저 맑은 공기를 사람이 만들어낸 건 아니잖니?

―그래요.

어디 맑은 공기뿐이냐? 사람이 스스로 가지고 있다고 생각하는 것 모두가 사람이 스스로 만들어낸 것은 아니지. 처음부터 끝까지 순전히 사람 혼자서 사람 힘으로만 만들어낸 물건은 하나도 없어. 예를 들어보자. 소리가 입고 있는 청바지는 누가 만들었을까?

―청바지 공장 사람들이 만들었겠지요.

무엇으로?

―옷감으로요.

그 옷감은 누가 만들었을까?

―옷감 만드는 공장 사람들이겠지요.

무엇으로?

―글쎄요. 이게 면이니까 목화솜이나 누에고치, 뭐 그런 걸로 만들지 않았겠어요?

그랬겠지. 그럼 목화솜이나 누에고치는 누가 만들었을까?

―모르지요.

좋다. 모른다 치고(그래도 또 습관처럼 '하나님이요' 하고 대답하지 않아서 좋구나. 그래, 그런 태도가 좋은 거야. '하나님'이라는 이름을 무슨 만병통치약이나 되는 듯이 마구 써먹는 것은 아주 나쁜 버릇이거든), 적어도 그것을 사람이 만들어낸 것이 아니라는 점만은 틀림없지?

―그렇지요.

그러니 소리의 청바지를 사람이 만들었다고 하면 말이 되는 걸까? 정확하게 말하자면, 사람이 목화솜이나 누에고치를 가지고 가공(加工)을 했다고 해야겠지?

―예.

마치 바다에서 고등어를 잡아가지고 통조림을 만들듯이. 그걸 보고 사람이 고등어를 만들었다고는 할 수 없는 일 아니겠니? 가만 생각해보렴. 사람이 스스로 만들어낼 수 있는 것이라고는 아무것도 없어. 훌륭한 천재가 아무도 흉내 낼 수 없는 그림을 그렸다고 하자. 너희들 잘 아는 빈센트 반 고흐의 〈감자 먹는 사람들〉을 예로 들어볼까? 물론 그 그림은 어쩌면 고흐만이 세상에 내놓을 수 있었던 유일한 작품, 그러니까 누가 뭐래도 고흐라는 뛰어난 천재가 만들어낸 창작품이라 할 수 있지. 결코 틀린 말은 아니야. 그러나 그 말이 모든 진실을 다 담고 있는 것도 아니란다. 만일 진짜로 감자 먹는 사람이 없었다면 고흐가 그런 그림을 그릴 수 있었겠니? 없었을 거야. 백 보 양보해서 순전히 상상으로 그렸다고 치자. 누군가 고흐에게 감자든 고구마든 밀가루 빵이든 '먹을 것'을 주지 않았다면 그런 그림을 그릴 수 있었을까? 어림도 없는 얘기지. 아무리 뛰어난 천재라도 먹어야 일할 것 아니니? 그도 하루에 60가마나 되는 공기를 마셨을 터인데, 그 공기를 마셨기 때문에 그림을 그리든 노래를 하든 뭘 할 수 있었을 것이고……. 그런데도 고흐의 〈감자 먹는 사람들〉을 고흐 혼자 스스로 만들어낸 것이라고 말할 수 있겠어?

_그럼, 사람은 아무것도 혼자서는 할 수 없다는 말인가요?

'혼자'는 없다

그렇지. 사실 '혼자〔個人〕'라는 말을 쉽게 쓰고는 있다만 따지고 보면 자기 바깥 세계와 동떨어진 존재란 뜻의 '개인'은 없단다. 이 세상에 존재하는 것은 크든 작든, 눈에 보이든 안 보이든, 하나도 빠짐없이 서로 얽혀 있는 거야. 동과 서는 까마득히 먼 거리 같지만 실은 '하나'의 다른 이름이고 하늘과 땅도 마찬가지란다. 이렇게 온 세상 모든 것이 하나로 연결되어 있으며, 그 '하나〔一〕'의 다른 얼굴이라고 가르치는 것이 화엄(華嚴) 철학이지. 불교의 말로 하면 삼라만상 모두 한 분

부처의 나투심〔現顯〕 아닌 게 없다는 거야. 우리 기독교에서는 그 '하나'를 '하나님'이란 이름으로 뫼시는 거고. 알겠니? 사도 바울의 말을 들어보렴.

> 주도 한 분이시요 믿음도 하나요 세례도 하나요 하나님도 한 분이시니 곧 만유의 아버지시라 만유 위에 계시고 만유를 통일하시고 만유 가운데 계시도다(에베소서 4:5~6)

이 말이 무슨 말이겠니? 만물이 '그분'과 떨어져서는 존재할 수 없다는 말 아니겠어? 그래서 파울 틸리히(Paul J. Tillich)라는 신학자는 '하나님'을 '존재의 근거(the ground of being)'라는 철학적 이름으로 부르기도 했단다. 세상에 바탕이 없는 존재가 어디 있겠니? 기독교에서 말하는 하나님이 그리스·로마 신화의 신(神)들과 다른 점은, 그리스·로마 신화의 신들이 세상을 지은 다음에 올림푸스 산꼭대기로 올라가 이 세상에 더 이상 상관하지 않고 자기네끼리 살아가는 데 반하여 기독교의 하나님은 세상을 지으시고 그 세상 위에, 속에, 관통하여 존재하신다는 바로 그 점이지. 그리스·로마의 신화에서는 세상이 제우스나 유피테르와 동떨어진 자리에 있지만, 기독교 신학은 세상 만물이 그분과 떨어져서는 있을 수 없다고 고백한단다. 사람이 하는 일 모두가 그분으로부터 오는 어떤 '힘'이 있기 때문에 가능한 거야. 고흐가 숨을 쉴 수 없었다면 무슨 그림을 그릴 수 있었겠니? 바로 그 '숨'이 하나님한테서 오는 힘이라는 얘기지. 이 말의 뜻을 좀 다르게 표현하면 "하나님의 숨이 고흐로 하여금 〈감자 먹는 사람들〉을 그리게 했다"라고 할 수 있겠지. 어디, 빈센트 반 고흐만이겠니? 모든 인간, 모든 짐승, 모든 식물, 나아가 우리가 무생물이라고 부르는 것들까지, 모든 사물(事物)이 하나님의 '숨'을 받아서 존재하는 거란다.

　사람이 하나님의 숨을 받아서 산다는 얘기는 성경(창세기)에도 있으니까 알아듣겠는데 숨을 쉬지 않는 돌멩이나 물 같은 것들도 하나님 숨을 받아서 존재한다는 말은 잘 모르겠어요.

돌도 숨을 쉬나요?

　　　　　그래, 참 고맙다. 소리가 그렇게 모르겠다고 말해주니 이 아버지가 신이 나는구나. 공부하는 사람의 태도는 그래야 하는 거야. 모르겠으면 모르겠다, 그게 아니라고 생각되면 그게 아니라고 생각된다, 알쏭달쏭하면 알쏭달쏭하다…… 솔직하게 자기를 나타내는 태도 말이다. 지난번에 말했듯이 학문(學問)이란, 말 그대로 배우고(學) 묻는(問) 것이니까. 사람은 좋은 질문을 할 수 있게 되려고 배우는 거야, 그 거꾸로가 아니고! 사람의 평생을 좌우하는 것은 그가 한평생 무엇을 물으면서 살았느냐거든.

　자, 그럼 우리 함께 소리의 의문점을 생각해보기로 하자. 사람이나 짐승이나 나무 따위가 숨을 쉬는 것은 알겠는데 돌이 숨을 쉰다는 말은 좀 이상하지 않느냐는 말이지?

__예.

먼저 '숨'이 무엇인가부터 생각해보자. 숨이란 뭐지?

__숨이 호흡 아녀요?

그래, 그럼 호흡은 뭐지?

__공기를 들이쉬고 내쉬는 거지요.

옳거니, 들이쉬는 숨을 들숨이라 하고 내쉬는 숨을 날숨이라 하지? 그러니까 숨이란 처음부터 들숨과 날숨이지. 들숨 없이 날숨만 있어도 안 되고 날숨 없이 들숨만 있어도 안 돼. 여기까지는 알아듣겠니?

__예.

그냥 그렇게 쉽사리 대답하지 말고 좀 생각하면서 대답해봐.

__암만 생각해도, 들숨 없이 날숨 없고, 날숨 없이 들숨 없잖아요?

그래도 좀 진득하니 생각해보란 말이다. 숨이란 처음부터 들숨과 날숨이다, 들숨만으로는 숨이란 것이 있을 수 없다, 날숨만으로도 역시 숨은 성립되지 않는다, 그러므로 숨이란, 어떤 고정된 물체가 아니라 끊임없이 흐르는 움직임이다, 들이마시고 내쉬고 할 때 우리의 몸 안팎으로 들어왔다 나갔다 하는 공기는 '숨'을 가능하게 해주는 무엇이지 그 자체가 숨은 아니다…… 이런 식으로 생각해보는 거야.

__공기 자체가 우리의 '숨'은 아니지만, 공기 없이는 숨을 쉴 수 없잖아요?

그렇지! 잘한다. 그렇게 생각을 발전시켜나가는 거야. 그렇다면 공기와 숨은 어떤 관계일까?

__서로 떨어질 수 없는 관계지요.

그 정도가 아니야. 둘은 떨어질 수 없는 관계를 맺고 있는 두 가지 다른 '실체'가 아니거든. 다시 말하면 숨과 공기의 관계는, 예를 들어 감자 속과 껍질 사이의 관계가 아니라 감자와 감자 속에 들어 있는 생명 사이의 관계와 같은 거란다.

— 얘기가 또 어려워졌어요.

인마, 그러니까 생각을 해보라고 하잖니? 하나님이 머리를 왜 만드셨겠어? 파마하고 무스 발라서 멋이나 부리며 예쁜 모자나 얹고 다니라고 어깨 위에 얹어주신 건 아니잖아?

— 그래도 뭘 자꾸만 깊이 생각하는 건 싫어요. 골치 아파요. 또, 생각도 잘 안 되고요.

알겠다, 무슨 말인지. 참 큰일이구나. 한참 싱싱하게 자라야 할 너희 사고력이 그 망할 시험공부 때문에 모조리 짓밟히고 억눌려 모래밭처럼 되었으니, 어찌 안 그러겠니?

그러나 아직 너희는 젊은 나이니까 지금이라도 정신만 차리면 금방 회복할 수 있어. 젊음이란 그래서 좋은 거지. 병에 걸렸다가도 병의 뿌리를 잡기만 하면 금방 일어날 수 있거든. 늙은이는 그게 어렵단다. 뻔히 아는데도 잘 고쳐지지 않는 거야. 굳어졌기 때문이지. 그러니 애들아, 아버지하고 이 '신학 강의'를 하는 동안에라도 생각하는 힘을 기르도록 하여라. 조금만 연습하면 나보다 훨씬 더 깊게 또 빠르게 생각의 세계로 헤엄쳐 들어갈 수 있을 게다. 아인슈타인이 몇 살 때 '상대성 원리'를 발표했는지 아니? 스물여섯 살 때야. 현대 물리학에서 상대성 원리 못지않게 중요한 것으로 평가받는 '불확정성의 원리'를 하이젠베르크가 발표한 것은 겨우

스물다섯 살 때였단다. 사람의 뇌가 이십 대에 가장 활발하게 움직이기 때문인지도 모르겠어. 아무튼 생각하는 게 골치 아프다는 말은, 솔직하긴 하다만, 두 번 다시 그런 말은 하지 않았으면 좋겠구나. 사람은 생각을 해야 해. 데카르트의 말도 있잖니?

"나는 생각한다. 그러므로 나는 존재한다."

그래, 그렇게 말했지. 그런데 거기까지만 알고(시험에 나오니까) 데카르트가 왜 그런 말을 했는지, 그게 무슨 뜻인지 제대로 아는 사람이 없으니 딱한 일이란 말이다. 대학생들을 잡고 물어봐도 아마 비슷하게나마 대답하는 사람이 드물 게야. 무슨 나라가 세계 최고인 교육열을 이용하여 교육이랍시고 온 국민의 깡통 머리화를 시도하고 있으니 이런 원통할 데가 어디 있니? 그런데 입 가진 사람마다 이 문제를 한탄하다니 더욱 기가 찬 노릇이구나. 입시 위주 교육이 좋다는 사람은 눈을 씻고 봐도 없는데 웬걸? 그놈의 입시 위주 교육은 좀처럼 바뀌지 않고 갈수록 더욱 기승을 부리니 이런 귀신 곡할 노릇이 어디 있어? 왜 그럴까? 너나 할 것 없이 거짓말쟁이, 사기꾼, 겁보, 배신자, 게으름뱅이이기 때문이지. 세상이 잘못됐으면 뜯어고쳐야지! 그 잘못된 세상에서 저마다 출세할 생각이나 하고 있으니 이 나라의 앞날이 참으로 걱정스럽구나. 생각하면 어떨 때는 잠을 이룰 수가 없어. 그렇지만 아버지는 믿는다. 하나님이 가만 계시지는 않으리라는 것을. 숨은 결코 잦아들거나 스러지는 일 없이 억만 년 전에나 지금이나 한결같이 흐르거든. 공기가 더러워졌다고 걱정들이지만, 더는 견딜 수 없을 만큼 더러워지면 이 땅에서 '인간'이라는 종자가 사라지겠지. 그뿐이야. 그것으로 '숨'이 끝나지는 않아. 성경은 "천지가 모두 사라져도 하나님 말씀은 살아 있으리라"고 했지.

 자, '숨'이 뭐냐는 얘길 꺼냈다가 여기까지 왔구나. 오늘은 여기에서 마치고 내일 다시 계속하기로 하자. 기지개 한 번씩 날아갈 듯 켜고 각자 있는 곳으로 돌아가렴. 내가 다시 부를 때 모이자.

두 번째 강의
나의 '숨', 숨의 '나'

사람들은 크게 착각하고 있어. 자기 몸뚱이가 자기 것이
라고. 그게 아니라는 사실을 머리가 아니라 몸으로 깨닫
는 것! 그게 바로 구원으로 들어가는 문이란다.

❖

　　　　　슬기, 소리, 기림아, 날이 밝았다. 하던 일 잠시 멈추고 어서 모여라. 밤새 잘들 잤니? 이렇게 아버지 '머리' 속에서 모이니 아무리 거리가 멀어도 지척이구나. 참 좋다. 그래, 사람은 공간과 시간의 한계를 벗어날 수 없지만 마음이라는 길만 열어놓으면 언제 누구하고도 만날 수 있지. 몸뚱이는 시간·공간의 울에 갇혀 있으나 마음은 순식간에 어디든지 갈 수 있거든. 그래서 『금강경(金剛經)』에 이르기를 "어디 한 군데 묶임 없이 마음을 내어라〔應無所住而生其心〕"라고 했어. 무슨 말인고 하니, 마음은 몸과 달리 어디 한곳에 머물 수가 없는 것인데(정처없이 바쁘기만 하지) 그렇게 부질없이 헤매는 마음을 잡아 한곳에 머물도록 하라는 말이지. 그런데 그 머무름이란 게 어디 한곳에 사로잡혀 있는 것이어서는 안 된다는 거야. 불교에서 가르치는 마음 모음〔精神集中〕이란 어떤 일에 몰두하여 죽이 끓는지 밥이 끓는지 모르는 그런 상태를 가리키는 게 아니란다. 칸트가 그랬다던가, 에디슨이 그랬다던가? 뭔가 골똘하게 생각하느라 끓는 물에 달걀을 넣는다는 게 시계를 넣었다는 얘기 말이야. 그런 식으로 마음을 한곳에 모으는 것을 불교에서는 오히려 위험하게 본단다. 그건 마음을 내는(生其心) 게 아니라 마음을 빼앗기는 것이니까. 불교에서 명상을 가르칠 때에는 언제나 똑똑하게 깨어 있는 마음을 중요시해. 누구를 미워할 때도 그 미워하는 일에 마음을 빼앗기지 말라는 거야. 자기가 지금 누구를 미워하고 있다는 사실을 똑똑히 보라는 거지. 그래서 본다(觀)는 걸 아주 중요하게 생각한단다. 마음(도무지 어디 한곳에 진득하니 머물지 못하고 끝없이 헤매는)에 이끌려다니지 말고 그 마음을 굴복시키라는 거야.

최루탄 가스가 따가운 까닭은?

～ 마음 타령은 이만 하고, 어제 하던 얘기를 계속 하기로 하자. '숨'이 뭐냐는 얘길 하다 말았지?

—예.

내 기억으로는 '숨'과 '공기'의 관계까지 얘기했던 것 같은데…….

—맞아요. 숨과 공기의 관계는 감자와 감자 속의 생명처럼 서로 떨어질 수 없는 관계라는 얘기까지 하다가 그만뒀지요.

슬기가 역시 대학생답구나. 어디 보자. 목에 생긴 물집은 다 나았니? 요즘은 최루탄이 아주 독해서 피부가 약한 사람은 그렇게 물집이 생긴다던데, 다음부터는 시위를 하러 갈 때 옷 좀 잘 입고 가거라. 맨살을 온통 드러내고 그 지독한 가스를 맞았으니 물집이 생길 수밖에. 그나저나 이젠 제발 돌멩이와 최루탄이 날아다니는 그런 세상 끝났으면 좋겠다.

　이왕 최루탄 가스 얘기가 나왔으니 어디 물어보자. 가스가 자욱할 때 숨쉬기가 좋던?

　__좋긴요? 그럴 땐 숨 안 쉬고 살 수 있으면 좋겠는데, 그럴 수도 없고, 아주 지옥 같아요.

　흠! 지옥이라. 그럴듯한 표현이구나. 그런데 만일 사람이 자기 마음대로 '숨'을 쉬다 말다 할 수 있다면 최루탄도 소용없겠지? 암만 쏴대도 들이마시지 않으면 될 테니까.

　__그렇지만, 그래도 눈은 따갑겠지요.

　아, 그렇군. 독가스가 콧구멍만 공격하는 게 아니라 눈알까지도 공격한다는 걸 그만 까먹었구나.

　__피부에 물집도 생기고요.

　그래, 그렇지만 이렇게 한번 가상을 해보자. 만일 피부에 아무것도 닿지 못하도록 철저하게 감쌌다면? 그래도 물집이 생길까?

　__아니지요.

　또 만일 어떤 사람이 두 눈 다 유리로 해 박았다면, 그래도 눈물이 나오며 눈이 따가울까?

　__아니겠지요.

　그러니 이렇게 말할 수도 있겠구나. 최루탄 가스를 맞고 숨이 가쁘며 눈물 콧물이 나고 살갗이 따가운 것은 최루탄 가스 때문만은 아니고 나에게 눈이 있고 코가 있고 살갗이 있기 때문이기도 하다고…… . 그렇지?

— 예.

음, 그래서 노자 할아버지가 말하기를 "나에게 큰 탈이 있음은 나에게 몸이 있기 때문이라. 나에게 만일 몸이 없다면 내가 무엇을 앓으랴?〔吾所以有大患者, 爲吾有身, 及吾無身, 吾有何患〕"라고 하셨나보다.

자, 그러니 우리가 이 몸뚱이를 어디 맡겨놓고 다닐 수도 없는 일이고……. 그래서 석가세존은 사람의 삶이라는 게 온통 괴로움〔苦〕일 뿐이라고 하셨겠지. 최루탄이 콧구멍만 괴롭히는 게 아니라 눈과 살갗까지 해서 온몸을 괴롭힌다는 얘기는, 사람이 콧구멍으로만 '숨'을 쉬는 게 아니라 온몸으로 숨을 쉰다는 사실을 가르쳐주는 거야.

그래! 맞아. 온몸으로 숨을 쉬고 있어. 너희들 학교에서 배웠지? 사람은 살갗으로도 숨을 쉰다고.

— 예.

'숨'이란 게 그런 거란다. 살아 있다는 건 숨을 쉰다는 거지. 코로 쉬든 살갗으로 쉬든, 숨을 쉬는 것이 곧 삶〔生命〕이야. 그러고보니 생각나는 옛날이야기가 있구나. 아버지가 4학년인가 5학년 때 일이야. 하루는 선생님이 우리에게, 사람이 오래오래 죽지 않고 사는 비결이 무엇이냐고 물으셨어. 따지고보면 잘못된 질문이지. 사람이 죽지 않는 비결은 없으니까. 그래도 우리는 저마다 "운동을 열심히 합니다" "밥을 잘 먹습니다" "원기소(그때 많이 팔리던 영양제)를 먹습니다" 따위 생각나는 대로 마구 지껄여댔는데 나도 한마디 했지. 뭐라고 말했느냐 하면, 이랬어. "예, 곧 죽어도 숨을 쉬면 됩니다!" 아이들과 선생님이 한꺼번에 와아, 하고 웃었지. 나도 물론 웃었고. 말도 되지 않는 소리지만, 그때 나는 정말로 숨만 계속 쉬면 안 죽을 것이라고 생각했단다.

'숨'은 누구의 것인가

그런데 그건 잘못된 질문에 잘못된 대답이었어. 사람이 만일 자기 마음대로 숨을 쉬거나 말거나 할 수 있다면 아마 내 대답이 정답이었겠지. 그러나 '숨'이란 게 우리 마음대로 쉬어지는 게 아니거든. 어디, 기림이가 한번 시험해보겠니? 숨을 한껏 들이마셔 봐. 옳지, 그래, 됐어. 이젠 그 숨을 몸속에 가두고 밖으로 내보내지 않는 거야.

내가 시계를 보마. 일 초, 이 초, 삼 초, 사 초…… 십오 초, 십육 초!

─피유!

그래도 생각보다는 오래 끌었구나? 십육 초나 참았으니까. 연습하면 좀더 오래갈 수 있어. 제주도 해녀들은 삼 분까지도 숨을 안 쉬고 견딜 수 있다더라.

─그렇게 오래요?

그렇대. 그렇지만 그 이상은 안 되지. 우리 몸속에 들어온 숨(들숨)은 반드시 나가야 하니까. 어제 말했잖니? 날숨 없이는 들숨도 없고, 들숨 없이는 날숨도 없다고. '숨'이란 들숨과 날숨이지, 그 어느 한쪽은 아니라고. 날숨이 죽으면(내쉬지 않으면) 들숨도 죽는 거야. 이번에는 소리가 그 반대를 실험해보자. 숨을 있는 대로 모두 내쉰 다음 다시 숨을 들이마시지 않고 참는 거야. 어디 얼마나 견디는지 시간을 재보자. 준비됐니?

__예.

그럼 시간을 잰다. 일 초, 이 초, 삼 초…… 구 초, 십 초, 십일 초! 십일 초 견뎠구나. 어때? 힘들지? 숨 쉬는 게 힘들지 않고 안 쉬는 게 힘들지? '숨'이란 그런 거야. 내가 숨을 쉬지만 단 일 분도 내 마음대로 끊거나 막을 수 없는 게, 그게 바로 '숨'이란 말이다. 왜 그럴까? 왜 내 몸으로 숨을 쉬는데 내 뜻대로 할 수 없는 걸까? 생각나는 대로 말해보겠니?

__내 몸이지만 내 마음대로 할 수 없는 거 아녜요?

글쎄, 왜 그러냐니까?

__내 거가 아니니까요.

무엇이?

__'숨'이요.

숨을 쉬는 몸은 네 거고?

__내 거지요.

네 건데 왜 네 마음대로 못 하니?

__그런가?

사람들은 크게 착각하고 있어. 자기 몸뚱이가 자기 것이라고. 그게 아니라는 사실을 머리가 아니라 몸으로 깨닫는 것! 그게 바로 구원으로 들어가는 문이란다.

기독교에서는 우리의 몸에 따로 주인이 있다고 가르치지. 그 주인이 누굴까?

__하나님이지요.

그냥 마구 대답한 말은 아니겠지? 깊이 생각하고 '하나님'이란 말을 입 밖에 꺼냈겠지?

—그냥요. 그렇지만 정말 하나님이잖아요?

기림아, 정말 그렇게 생각하니? 네 몸의 주인이 하나님이시라고, 정말 그렇게 생각하느냐고.

—예.

고맙다. 제발 그 사실을 잊지 마라. '숨'을 쉬고 있는 사람은(동식물도 마찬가지), 하나님을 믿든 안 믿든, 무신론자든 공산주의자든, 남자든 여자든, 모두 자기 몸에 하나님을 모시고 있는 거란다. '숨'이 사람의 것이 아니라 하나님의 것이기 때문이야. 그래서 숨을 쉬면서도 그 '숨'을 우리 마음대로 할 수 없는 거야.

이 '숨'을 창세기에서는 '생기'(2:7)라고 번역했어. 히브리 말로는 '루아흐(ruah)'라고 하는데 흔히 영(spirit) 또는 바람(wind)이라 옮기기도 한단다. 루아흐는 하나님한테서 나오는 거야. 우리가 숨을 마시는 것은 하나님이 우리 몸속에 숨을 넣어주시는 것이고 내쉬는 것은 하나님이 거두어 가시는 것이지. 하나님의 루아흐가 우리 몸속으로 들어갔다 나갔다 하는 것, 그게 바로 호흡(숨)이란다. 그러니 내가 숨을 쉬는 거냐? 아니면 하나님의 숨이 나를 쉬는 거냐?

—내가 숨을 쉬는 건 아니지요.

옳거니! 사람이 '숨'을 소유한 게 아니라 '숨'이 사람을 소유하고 있다는 사실을 문득 깨닫는 것, 그게 바로 석가세존이 자기 아들인 라훌라에게 맨 처음 가르쳤다는 『안반수의경(安般守意經, anapanasati sutra)』의 머리이자 꼬리란다. 안반(安般)이란 '아나파나'의 한자음인데 '아나(ana)'는 들숨이고 '아파나(apana)'는 날숨이지. 수의(守意)는 '사티(sati)'를 한문으로 옮긴 말로 마음을 모은다는 뜻이고. 그 경(經)에서 가르치는 것은 생(生)인 '아나'와 멸(滅)인 '아파나'가 코끝에서 뒤바뀌며 오가는 것을 깊이 명상하여 마침내 그 어떤 것에도 집착하지 않는 청정(淸淨)한 상태인 정(淨)에 도달하여 불교에서 말하는 여덟 가지 바른 길[八正道]을 체득할 수 있다는 거야. 호흡 명상이라고 하면 흔히 숨 쉬는 방법을 배우는 것으로 아는데 그게 아니라 저절로 쉬어지는 '숨'에 마음을 모으고 그 '숨'에다가 자기를 얹는 방법을 훈련하는 것이란다. 등뼈를 바로 세우고 평안한 마음으로 호흡에 정신을 집중하면 자연히 들숨 날숨이 고요해지고 길어지게 마련이야. 둘이 아니면서 하나도 아닌[不二非一] 들숨과 날숨의 고요한 흐름에 내 몸을 실으면(물에 배를 띄우듯) 마음이 들뜨지 않고 깨끗한 거울처럼 맑아지며[그런 상태를 지(止)라고 해] 명상을 계속하면 모든 사물의 정체를 있는 그대로 꿰뚫어 보는[그것을 관(觀)이라고 하지] 경지에까지 들어갈 수 있다는 거야. 거기서 멈추지 않고 계속 정진(精進)하면 다시 고요한 자신에게로 돌아오는 과정을 거쳐 마침내 그 무엇에도 집착하지 않는 상태에 이르게 된다는구나. 아버지는 거기까지 해보지 못해서 모르겠다만, 화가 나거나 마음이 불안할 때 자세를 바로 하고 '숨'을 고르면 그냥 있을 때보다 훨씬 빨리 마음을 가라앉히고 화를 삭이거나 불안을 물리칠 수 있다는 것쯤은 경험으로 알고 있지. 너희들도 꼭 해봐. 어렵잖게 효과를 볼 수 있단다. 화가 나면 마음이 바쁘고 숨이 가빠지지?

　_너무 화가 나면 머리가 띵해지고 손발이 차가워져요. 숨도 잘 안 쉬

어지고요.

　그래, 그렇지. 그럴 때 계속 자꾸만 화를 내면 죽는 수도 있단다. 화는 불 같은 것이거든. 불 속에 갇혀 오래 헤어나지 못하면 타 죽는 수밖에 더 있겠니? 울화병이라는 게 있어. 그 병은 화가 나서 생기는 건데 울화병으로 죽는 사람이 뜻밖에 많단다. 요즘 흔한 암도 울화병의 일종이야. 칼 사이몬튼(Carl Simonton)이라는 미국 의사는 암이 생기는 원인 가운데 가장 많은 것이 마음의 충격이라고 주장하며, 마음의 충격을 풀어줌으로써 암을 고치는 방법을 연구하여 굉장한 반응을 불러일으키고 있다더라. 사실 마음과 몸은 둘이 아니라 하나거든. 그러니 몸이 병들면 마음도 병들고 반대로 마음이 건강해지면 몸도 건강해지는 거야. 화가 나면 숨이 가빠지고 반대로 숨이 고요해지면 화도 가라앉는 거지. 이 원리를 이용하여 언제 어디서나 마음을 고요하게 함으로써 할 수 있는 대로 남에게 해코지를 하지 않고 나아가 덜 괴롭히며 청정한 삶을 살아가게 하자는 것이 곧 안반수의(安般守意)의 목적이란다.

　─한참 성이 나 있는데 어떻게 마음이 고요해질 수 있어요?

　'숨'을 고르게 하는 방법을 쓰는 거야.

　─숨은 우리 마음대로 쉴 수 있는 게 아니라고 하셨잖아요?

　우리 마음대로 숨을 끊거나 막거나 할 수 없다는 얘기지, 거칠게 쉬거나 고요하게 쉬거나 그 방법까지 우리 마음대로 되지 않는다는 건 아니야.

　─그래도 뜀박질을 할 때는 숨이 가빠지잖아요?

　가빠지지, 물론! 그렇지만 뜀박질을 그만두면 다시 고요해지잖니?

　─화가 나 있는데 어떻게 숨이 고요해져요?

자, 이치를 설명해줄 터이니 잘 들어보렴. 들숨과 날숨 사이에 인생이 걸려 있는 거야. 숨 쉬는 걸 우습게 생각하면 안 돼. 우리가 숨을 쉬는 게 아니라 '숨'이 우리를 쉬게 하는 것이라고 말했지? 그러나 한편 우리가 숨을 쉰다는 말도 옳아. 만일 여기 '나'라는 물건이 없다면…….

＿사람을 보고 물건이라고 해도 돼요?

그럼 이게 물건이지 뭐니? 아무튼 여기 '나'가 없다면 들숨이 어디 있고 날숨이 어디 있겠니? '숨'이 나를 가지고 있는데 그 '숨'을 내가 또 가지고 있는 거야.

＿알쏭달쏭해요.

"아버지께서 내 안에 계시고 내가 아버지 안에 있다"(요한복음 10:38)는 예수님 말씀은 알쏭달쏭하지 않고?

＿아하, 그게 그런 뜻이어요?

이제 좀 알겠니? 그러니까 '숨' 그 자체를 내 뜻대로 죽이고 살리고 할 수는 없지만 들숨 날숨을 어떻게 모실 것이냐는 내가 결정할 수 있는 거야. 아까 얘기로 돌아가자. 사람이 화가 나면 속에서 열이 나게 돼 있어. 불을 때야 열이 나겠지? 불은 무엇이 타는 거지? 산소야. 나무나 석유가 타는 게 아니라 타는 건 '산소'란 말이다. 맞지? 아무리 나무에 휘발유를 얹고 불을 질러도 공기를 완전히 차단하면 불은 곧 꺼지게 돼 있어. 열이 나야 계속 화가 날 텐데 만일 산소를 넣어주지 않는다면 속의 열이 식고 따라서 화도 차츰 가라앉지 않겠니? 화가 나는 대로 그 감정에 자신을 맡겨버리면 갈수록 더욱 많은 산소를 마셔야 할 게고 그래서 씩씩거리며 코를 벌름거리게 되는 거야. 불이 한참 타고 있을 때 소방관들이 와서 갈퀴로 멀쩡한 집을 허물어뜨리는 수가 있는데 왜 그러는지 아니? 앞으로 탈 만한 물건을 미리 없애는 거지. 마찬가지 이치란다. 화가 났을 때 그 화를 유지하는 데 필요한 산소의 공급을 최소한으로 줄이면 화가 식어버릴 수밖에 없잖겠어? 호흡 명상을 습관으로 몸에 길들이면 어떤 사람이 될까? 좀처럼 화를 내지 않는 사람, 어떤 다급한 일에도 허둥대지 않는 사람, 자기의 소신을 쉽게 바꾸지 않는 사람, 누가 뭐래도 스스로 정한 자신의 바른 길을 걸어가는 사람("오늘도 내일도 그 다음 날에도 나는 내 길을 간다"_예수), 그런 사람이 되겠지. 그러니, 들숨과 날숨 사이에 인생이 걸렸다고 말하지 않을 수 있겠니? 이 말은 하나님의 '숨'을 몸에 모시는 것이 곧 삶이요, 하나님의 '숨'이 몸을 떠나 다시 돌아오지 않는 것이 죽음이라는, 그런 말이야. '숨'이 몸을 떠난다는 말은, 두 번 다시 들어오고 나가고 하지 않는다는 뜻이지. 이렇게 끊임없이(들숨과 날숨은 서로 떨어질 수 없으니까) 이어지는 거대한 '숨결' 속에서 인간을 비롯한 삼라만상이 존재하는 것이란다.

_그런데요, 사람이 숨을 쉬는 건 알겠는데요, 공기가 없는 달나라 그런 데 있는 바위들도 숨을 쉰다는 말인가요?

참 좋은 질문이다. 그러고 보니 어제 소리가 바로 이 질문을 했고, 그래서 우선 '숨'이 무엇인지 생각해보자고 한 게 여기까지 왔구나. 그러니까 네 말은, 돌멩이 같은 무생물에도 '숨'이 있느냐, 이거지?

_예. 돌이 숨 쉰다는 말은 처음 들어요.

돌멩이도 숨을 쉰다

　　　　　　🌀사람들은 자기 눈을 지나치게 믿는 것 같더라. 그래서 보이는 것이 세상의 전부인 줄 알지. 그러나 사실 우리 눈으로 볼 수 있는 것은 세상의 한 부분일 뿐이란다. 우선 날마다 마시는 공기도 눈으로 볼 수 없잖니? 너무 작은 것도 안 보이고 너무 큰 것도 안 보이거든. 그런가 하면 움직이는 속도가 너무 느린 것도 보이지 않고 너무 빠른 것도 보이지 않지. 나무는 날마다 자라고 있지만 그 자라는 모습이 눈에 보이지는 않잖니? 우리 얼굴도 순간순간 바뀌고 있지만(늙어간다는 것은 바뀐다는 뜻이니까) 그 바뀌는 모양을 눈으로 볼 수는 없어. 그 움직이는(바뀌는) 속도가 너무 느리기 때문이지. 그런가 하면 아무리 눈이 밝은 사람도 총알이 날아가는 것을 보지는 못해. 너무 빨라서.

　쉽게 말하면 돌멩이나 쇠붙이도 숨을 쉬지만 그 숨 쉬는 속도가 너무 느려서(또는 너무 빨라서) 우리 눈에 보이지 않는 거야.

　_그렇지만 돌멩이가 숨을 쉰다는 사실을 증명할 수는 있어야 하잖아요?

　증명? 할 수 있지. 어느 돌멩이가, 아무리 단단한 돌멩이라도, 영원한 돌멩이로 남아 있을 수 없다는 사실은 알고 있겠지? 저 하늘의 별들이 태어나고 자라고 죽는다는 사실쯤 학교에서 배웠을 테니까.

　_예.

　지구도 우주에 떠 있는 먼지 같은 별들 가운데 하나이니 언젠가 소멸될 운명이란다. 다만 그 기간이 너무 길고 사라져가는 속도가 너무 느려서 우리 눈에 보이지 않을 뿐이야. 뭐, 그렇게 어마어마한 얘기까지 하지 않더라도, 돌멩이를 쪼개고 또 쪼개고 자꾸만 쪼개서 더는 쪼개지지 않는 데까지 쪼개면 무엇이 남겠니?

―원자(原子)요.

그래, 너희들 원자라는 게 원자핵을 중심으로 전자가 춤을 추듯이 회전하는 모양으로 이루어져 있다는 것도 알고 있겠지? 무슨 물체를 이루는 가장 작은 알갱이를 소립자(素粒子)라고 부르는데, 그 소립자는 영구 불변하는 것이 아니라 서로 작용하여 생겨났다가 사라졌다가 한단다. 들숨을 생(生)이라 하고 날숨을 멸(滅)이라 한다면 소립자는 끊임없이 생하고 멸하니까 숨을 쉬고 있다고 볼 수 있지 않겠니? 바로 그 소립자들이 모이고 모여서 돌멩이나 소나무나 개울이나 우리의 눈동자 따위 우주에 가득 찬 만물을 형성하는 거야. 이번에는 그 숨 쉬는 속도가 너무 빠르고 소립자가 너무 작아서 우리 눈에 안 보일 뿐이지. 이래도 돌멩이가 숨을 쉰다는 말이 이해되지 않니?

―좀 알 것 같긴 한데, 그래도…….

좋아, 이왕 말이 나왔으니 여기서 동양철학의 큰 스승인 장횡거(張橫渠) 선생의 말씀 한마디를 소개하마.

> 태허(太虛)에는 기(氣)가 없을 수 없고, 기는 모여서 만물이 되지 않을 수 없고, 만물은 흩어져 태허로 되지 않을 수 없다. 이러한 과정을 따라 나가고 들어오고 하는 것은 모두 그러지 않을 수 없는 그런 것이다〔太虛不能無氣, 氣不能不聚而爲萬物, 萬物不能不散而爲太虛, 循是出入, 是皆不得已而然也〕.

기(氣)는 우리 눈에 보이지 않는 어떤 흐름 또는 힘(에너지)이라고 할 수 있는데 그것이 모이면 눈에 보이는 만물을 이루고 흩어지면 다시 까마득한 비움[虛]이 된다는 거야. 현대물리학이 초정밀 기계로 소립자의 정체를 발견하기 천 년 전에 순전한 직관으로 기의 정체를 꿰뚫어 본 횡거 선생의 통찰력이 놀랍지 않니?

아버지는 동양철학의 '기'라는 단어야말로 성경의 '루아흐'를 가장 그럴듯하게 옮긴 말이 아닌가 생각해본단다. 기는 곧 움직임이자 흐름이지. 그래서 기운(氣運)이라고 하지 않니? 우리 선배들은 눈에 보이든 보이지 않든, 존재하는 모든 사물이 기의 모임 또는 흩어짐이라고 보았어. 그래서 밥을 곡기(穀氣)라고 했지. 기로 이루어진 사람이 기로 이루어진 쌀을 먹는 거야.

기를 사람이 지은 게 아니라 반대로 기가 사람을 이루었다고 한다면, 그 말을 바꾸어 하나님의 '숨[氣]'이 사람의 바탕이요, 뿌리며 줄기요, 가지요, 모든 것이라고 할 수 있지 않겠니?

자, 우리가 이렇게 앉아 성경 이야기를 나누는 것은 그분의 '숨'이 하시는 일이니 결국 그분이 우리를 통해 당신의 말씀을 듣는 것이라는 말을 하려고 이틀 동안이나 횡설수설 지껄여댄 셈이 되었구나. 너희들 얼굴에 따분한 기색이 가득 찬 걸 보니 이런 얘기 더 계속하지 않는 게 좋겠다.

그럼, 내일부터는 지난번 신학 강의(『예수의 삶과 길』)에서 약속한 대로 '교회'에 대한 이야기를 나눠보기로 하자.

세 번째 강의

목숨을 바쳐서 다시 얻는 목숨

무엇을 위해 목숨을 바친다는 것은 그 무엇을 위해 죽을 때까지 생명을 걸고 일한다는 것 아니겠니? 중요한 것은 '죽음' 자체가 아니라 죽기까지 목숨 바쳐 일한다, 바로 그것이란다.

⚜

　　　　　세 번째 이야기를 시작하자. 그런데 소리 얼굴빛이 좋지 않구나? 학교에서 무슨 일이 있었니?

　_있었어요.

　무슨 일인지 얘기해줄 수 있을까?

　_기독학생회에서요, '성가의 밤' 행사를 하는데 나보고 사회를 보라는 거예요.

　하라면 하지 그래?

　_지난번에도 했거든요. 게다가 처음부터 나보고 하라고 했어도 할 마음이 없었는데, 부회장한테 하라고 했다가 안 한다니까 나보고 하라는 거예요.

　흠, 그러니까 자존심이 상했다, 이거니?

　_꼭 그래서만은 아니지만, 시험도 있고 정말 하고 싶지도 않고 해서

안 하겠다는데 부득부득 하라고 하니까 화가 났어요.

누가 그렇게 강요를 하는 거야?

―기독학생회 아이들이지요, 뭐. 왜 부회장이 못 하겠다고 했을 때는 선뜻 들어주고 내가 못 하겠다고 하니까 부득부득 우기는 거예요? 그게 기분 나빠서 좀 울었어요.

거참, 딱하게 됐구나? 그래, 어떡할 참이냐? 끝내 안 하겠어?

―하고 싶지 않아요.

정 그렇다면 할 수 없는 일이지. 그러나 조금 시간을 두고 다시 생각해보는 게 좋겠구나. 네가 끝내 거절했을 때, 세 번째로 교섭을 받는 학생은 기분이 어떻겠니? 좋을 리 없지. 두 사람이 싫다고 한 떡을 받게 되는 셈이니까. 안 그래? 그래서 그 학생도 거절하면 다음엔 어떻게 될까?

―하고 싶은 아이도 있을 거 아녜요?

있겠지. 그러나 속으로는 하고 싶어도 한 사람도 아니고 두 사람이나 퇴짜를 놓은 일을 선뜻 맡아서 한다는 게 역시 자존심 상하는 일 아니겠니?

―그건…… 그렇겠지요.

자, 그러면 그럴 경우 네가 어떻게 처신해야 가장 합리적이고 또 옳은 일일까? 사회자 없이 발표회를 할 수는 없을 터이고…….

―몰라요. 그런 것까지는 생각해보지 않았어요.

그랬겠지. 잔뜩 화가 났는데 어느 겨를에 그런 생각을 했겠니? 그렇지만 어제 아버지가 말했듯이 그럴수록 '숨'을 가다듬고 곰곰 생각해보아야 한단다. 왜냐하면 사람은 독불장군으로 살 수가 없거든. 거듭 말한다면, 자기 바깥 세계(다른 사람이나 자연 따위)와 동떨어진 사람이란 뜻의 '개인'은 없어. 그런 개인은 우리 머릿속에만 있지. 머릿속에만 있고 현실에는 없는 것을 '관념(觀念, idea)'이라고 하는데, 관념도 사람에게 필요한 것이긴 하지만 관념에서 관념으로 헤매는 것은 꿈속을 헤매는 것처럼 실제 생활에 아무 도움도 주지 못하고 오히려 해만 끼치기 쉽단다. 사람이란 어쩔 수 없이 그가 속한 커다란 전체의 한 부분으로 살아가게 돼 있어. 그러니 무슨 일에서나 자신만 생각하며 살아간다는 것은 얼핏 그럴 수 있을 것 같이 보이고 또 그렇게 살아가는 사람도 있는 것 같지만, 깊이 따져보면 도대체 그럴 수가 없고 따라서 그렇게 모든 일에서 자신만 생각하며 살아가는 사람도 사실은 없는 거야. 물론 그럴 수 있다고 착각하는 사람은 많지. 그러나 그들은 그렇게 착각함으로써 자기가 속한 '전체'에다가 해코지를 하며 살고 있는 거란다. 흔히 말하는 배타적 이기주의자가 그런 사람인데, 이기주의(egoism)란 한마디로 인간이 어떤 존재인지를 모르는 무식과 착각에 뿌리내린 독버섯이라고 할 수 있어. 그런 사람은 결국에 가서 자기도 죽고 남도 죽게 하는 고약한 암과 같은 존재야.

__그럼 나는 어떻게 해야 하지요?

어리석은 꾀보들

글쎄, 그건 네가 알아서 결정할 문제지만, 아버지가 만일 너라면 눈 딱 감고 사회를 보겠다. 어차피 세상은 자기보다 자기가 속한 전체를 생각하는 사람이 있어야 굴러가게 돼 있으니까. 흔히 그런 사람을 '바보'라고 하더라만 그런 바보가 사실은 이 세계를 지탱하는 알맹이 생명이거든. 그래서 사도 바울도 이렇게 말씀하시지 않았니?

> 아무도 자신을 속이지 말라 너희 중에 누구든지 이 세상에서 지혜 있는 줄로 생각하거든 어리석은 자가 되라 그리하여야 지혜로운 자가 되리라 이 세상 지혜는 하나님께 어리석은 것이니 기록된 바 하나님은 지혜 있는 자들로 하여금 자기 꾀에 빠지게 하시는 이라 하였고 또 주께서 지혜 있는 자들의 생각을 헛것으로 아신다 하셨느니라(고린도전서 3:18~20)

저 혼자 잘 살아보겠다고, 남들이야 어떻게 되든 말든 저 혼자 행복해 보겠다고 꾀를 부리는 게 사람들 눈에는 지혜로워 보일지 모르지만 하나님 보시기에는 어리석은 짓이요, 반대로 자기보다 남을 먼저 생각하고 자기가 속한 전체의 건강과 행복을 지상 과제로 생각하며 살아가는 게 사람들 눈에는 바보짓 같지만 하나님 보시기에는 그게 진짜 슬기로운 삶의 모습이라는 얘기지. 이렇게 말씀하신 바울 선생님도 참 바보스런 일생을 사신 분 아니냐? 예수님을 만나기 전까지는 어리석은 바보였다가 예수님을 만난 뒤에 슬기로운 바보가 되신 분이지.

마침, 중국 시인의 글 한 줄이 생각나는구나. 정섭(鄭燮)이라는 청나라 때 사람인데 글, 그림, 글씨에 재주가 있어서 유명한 양주팔괴〔楊州八怪, 양주 땅의 여덟 기인(奇人)이라는 뜻〕 가운데 하나로 꼽히는 분이지. 읊어볼 테니까 들어보렴.

똑똑해지기도 어려운 일이지만 어수룩해지기도 어려운 일이다. 똑똑한 사람이 돌이켜 어수룩해지기는 더욱 어려운 일이다. 일등으로 앞서기를 삼가고 뒤로 한걸음 물러서서 모름지기 낮아지기를 힘쓰면 이 어찌 참된 꾀가 아니겠는가? 뒤에 복으로 돌아오리니〔聰明難, 糊塗難. 由聰明而轉入糊塗更難. 放一着, 退一步, 當下心, 安非圖, 後成福報也〕.

「난득호도(難得糊塗)」라는 제목으로 된 이 시도 어리석음을 기리는 내용인데, 어수룩하여 겉으로는 지는 것 같으면서도 속으로는 이기고 마는 중국인의 기질을 잘 나타낸다고 평가받는가 보더라. 세계대전 뒤에 미국으로부터 온갖 경멸과 푸대접을 받았던 마오쩌둥이 끝내 닉슨 대통령으로 하여금 자기 발로 북경을 찾아와서 만나지 않을 수 없도록 만든 것도 바로 이런 어수룩한 지혜 덕분일 게다.

중국에는 이런 무서운 지혜가 그 바닥에 흐르고 있지. 노자 할아버지 얘기를 자꾸 해서 좀 뭣하다만, 그분도 자기가 평생 보물로 간직하는 세 가지가 있는데 그 가운데 하나가 중뿔나게 사람들 앞에 나서지 않는 것〔不敢爲天下先〕이라고 했단다.

_다른 두 보물은 뭔데요?

부드럽게 사랑하는 것〔慈〕과 검소하게 사는 것〔儉〕이라고 했지. 그만 하면 평생 지니고 있을 만한 보물 아니겠니?

_나중 두 가지는 그럴듯한데, 남보다 앞서지 않는다는 건 좀 비겁하지 않아요? 개척자들이 이루어놓은 열매만 슬슬 거두겠다는…….

글쎄, 그렇게 해석하면 그럴 수도 있겠지만 노자 할아버지의 참뜻은 나부터 살고 남 살리자는 사람들의 생각을 정면으로 뒤집어, 남부터 살게 하여 나까지 살겠다는 그런 인생철학으로 새겨야 할 게다. 나부터 살고 남 살리겠다는 생각이 아주 타당한 것 같지만, 그게 아까 말한 배타적 이기주의로 타락할 때에는 남을 살리기는커녕 저부터 죽이고 말거든. 반대로 남부터 살리고 그 다음에 나도 살겠다는 생각은 얼핏 보아서 말도 되지 않는 소리 같지만, 그것이야말로 너도 살고 나도 사는 유일한 길이란다. 불교에서는 그렇게 사는 것을 이타행(利他行)이라고 해서 매우 높은 보살(菩薩, 부처의 가르침을 따라 참된 지혜를 얻어 뭇 생명을 살게 하는 수도자)의 덕(德)으로 여기지. 예수님도 분명히 말씀하시지 않았니?

> 누구든지 나를 따라오려거든 자기를 부인하고 자기 십자가를 지고 나를 따를 것이니라 누구든지 자기 목숨을 구원하고자 하면 잃을 것이요 누구든지 나와 복음을 위하여 자기 목숨을 잃으면 구원하리라(마가복음 8:34~35)

> 내가 진실로 진실로 너희에게 이르노니 한 알의 밀이 땅에 떨어져 죽지 아니하면 한 알 그대로 있고 죽으면 많은 열매를 맺느니라 자기의 생명을 사랑하는 자는 잃어버릴 것이요 이 세상에서 자기의 생명을 미워하는 자는 영생하도록 보전하리라(요한복음 12:24~25)

> 내가 내 목숨을 버리는 것은 그것을 내가 다시 얻기 위함이니 이로 말미암아 아버지께서 나를 사랑하시느니라 이를 내게서 빼앗는 자가 있는 것이

아니라 내가 스스로 버리노라 나는 버릴 권세도 있고 다시 얻을 권세도 있으니 이 계명은 내 아버지에게서 받았노라(요한복음 10:17~18)

특히 요한복음 10장의 말씀은 뜻이 깊어서 자꾸자꾸 새겨볼 만해. "내가 내 목숨을 버리는 것은 그것(목숨)을 내가 다시 얻기 위함이니 이로 말미암아 아버지께서 나를 사랑하시느니라." 이 문장에는 '목숨〔生命〕'이라는 단어가 두 번 나오는데 처음 나오는 목숨은 육체를 가지고 33년쯤 이 땅에서 살아간 목숨이고, 나중 목숨은 부활하신 몸으로 보여주신 영원한 목숨〔永生〕이라고 볼 수 있겠지? 그러고 보니, 언제고 사라질 목숨을 바쳐 다시는 죽지 않는 목숨을 얻는다는 말씀이구나. 이 얼마나 대단한 진리냐? 여기서 중요한 건 순서란다. 먼저 목숨을 바쳐야 나중 목숨을 얻는 거야. 이 순서를 거꾸로 하면 말이 안 돼. 십자가 다음에 비로소 부활이 있는 거지, 아무도 그 순서를 뒤집을 수는 없단다. 하나님도 뒤집지 못하셔. 요즘 보면 죽지도 않고 부활하려는 어리석은 얌체들이 참 많더라. 예수님이 우리를 위해 죽어주셨으니 우리는 그저 즐겁고 평안하게 살다가 부활하면 천당에서 노래나 부르며 영광을 누리겠다는 신자들 말이다. 또 그렇게 가르치는 선생들도 있으니 한심한 일이지. 그럴 것 같으면 예수님이 무엇 때문에 되풀이해서 "나를 따르려면 죽어라, 죽어야 산다, 십자가를 지고 (피를 흘리며) 따라와야 한다, 세상이 너희를 미워할 것이다" 하고 말씀하셨겠니? '내가 너희 받을 고통을 몽땅 졌으니까 맨몸으로 춤추며 노래하며 따라오너라' 하셨어야지. 안 그래? 너희는 그런 속임수에 넘어가지 마라.

무거운 짐 대신 멍에를

　　　　　　　　　　그렇지만 예수님이, "수고하고 무거운 짐 진 자들아 다 내게로 오라 내가 너희를 쉬게 하리라" 하고 말씀하셨잖아요?

　그러셨지. 슬기가 아주 적절한 때에 적절한 질문을 하는구나. 틀림없이 그렇게 말씀하셨어. 그러나 그 말씀을 잘 새겨보렴. 무거운 짐을 지고 고생하는 사람을 부르신 예수님이, 내가 너희를 쉬게 하리라고 하셨지, 어디 내가 그 짐을 대신 져주마고 하셨니? 예수님이 여기서 말씀하신 것은, 거의 모든 사람이 질 필요도 없고 져서도 안 될 짐을 지고 허덕이는 모습을 보시고 그 짐을 벗어 던져버리도록 도와주시겠다는 뜻이었다고 봐야 해. 봐라, 예수님은 사람들이 그렇게 제 논에 물 끌어대는 식으로 당신 말씀을 오해할까봐 이어서 바로 말씀하시지 않니? "나의 멍에를 메고 내게 배우라 …… 이는 내 멍에는 쉽고 내 짐은 가벼움이라." 그러니까 한마디로, 질 필요도 없고 져봤자 고생스럽기만 할 뿐 아무짝에도 쓸 데가 없는 무거운 짐을 벗겨주시고 그 대신 다른 짐(멍에, 일)을 지워주시겠다는 그런 말씀이야. 그런데 예수님의 그 멍에라는 게 참 묘한 것이어서 십자가를 지는 아픔이 있으면서도 결코 힘겹거나 어렵지는 않다는 것 아니냐? 가볍고 쉽다고 하셨으니까. 이게 무슨 뜻인지는 그렇게 살고 간 이들의 발자취를 보면 금방 알 수 있어. 사도 바울을 보렴. 존경받는 랍비로 여유만만하게 살 팔자가 예수님을 알게 된 바람에 죄도 없이 쫓기고 매 맞고 옥에 갇히며 하루도 편하게 지낼 수 없는 팔자로 바뀌지 않았니? 그런데도 그는 힘들다느니 지겹다느니 따위 불평을 단 한 마디도 하지 않았어. 오히려 억울하게 감옥에 갇힌 몸으로 감사 기도와 찬송을 부르지 않니? 그러면서 감옥 밖에 있는 동지들한테 편지를 썼지. 한 구절만 읽어보자.

> 주 안에서 항상 기뻐하라 내가 다시 말하노니 기뻐하라 너희의 관용을 모든 사람에게 알게 하라 주께서 가까우시니라 아무 것도 염려하지 말고 다만 모든 일에 기도와 간구로, 너희 구할 것을 감사함으로 하나님께 아뢰라 그리하면 모든 지각에 뛰어난 하나님의 평강이 그리스도 예수 안에서 너희 마음과 생각을 지키시리라(빌립보서 4:4~7)

바울 선생님의 평화와 기쁨은 어디서 온 걸까? 놀랍게도 다름 아닌 예수님의 멍에, 곧 십자가를 진 데서 오는 것이었단다. 십자가란 뭐지?
  __예수님이 처형당한 형틀이지요.
  그래, 그러면 예수님이 처형당할 만한 무슨 잘못을 저지르셨나?
  __아니요.
  무턱대고 아니라고 대답한 건 아니겠지? 빌라도가 보기에는 죄가 없었지만 유대교 지도자들이 보기에는 죄가 있었으니까. 그러나 유대교 지도자들이 옳으냐 그르냐 시비를 가리는 건 나중으로 미루더라도 분명한 것은, 예수님이 자기 혼자 잘 살아보겠다고 남을 외면하는 그런 삶을 사시지는 않았다는 점이야. 그렇지?
  __예.
  옳아, 바로 그 점, 자기 목숨보다 남의 목숨을 먼저 생각하고 자신을 포함한 '모두[全體, 온몸]'를 살리고자 자기를 버리는 그런 삶의 종착점이 바로 십자가였다는 사실, 그걸 알아야 해. 그러니까 바울이 감옥에서도 그렇게 기뻐할 수 있었던 것은 예수님을 위해서, 그 복된 소식을 널리 퍼뜨리기 위해서, 그것이 '모두'를 살게 하는 일인 줄 믿고 자신을 바쳤기 때문 아니겠니? 그리고 예수님은 바로 그 고통스런 형틀에 매달리는 것을 '영광'으로 아셨지. 바울 선생님은 그것을 '특권'이라고 하셨고. 세상에 특권을 누리는 사람이 무엇을 불평하겠니? "내가 너희를 쉬게 하리라"는 예수님 말씀에는 이런 깊은 뜻이 들어 있는 거야. 그리고 그 뜻이 과연 그러한지, 말이나 생각만으로가 아니라 몸으로 삶으로 자기를 바쳐 '모두'를 살리는 경험을 해본 자만이 알 수 있겠지. 아버지는 이 목숨 다하기 전에, 아하! 이것이 그것이구나, 하고 크게 깨닫는 기쁨을 단 한 번이라도 맛보게 된다면 더 바랄 게 없겠다. 물론 가끔가끔 그런 맛을 조금씩 보면서 살고 있기는 하지만, 생각하면 그것도 모두 은총이지.

우리 예수님은 하나님의 아들 딸인 사람이 하나님의 아들 딸답게 살아가는 길을 가르치시고 몸소 보여주신 참 하나님의 아들이시요 사람의 아들이셨단다. 그렇게 살아가는 삶의 비결을 아까 읽은 요한복음 10장 17~18절에서 간추려 말씀하신 거야. 중요한 대목이니 다시 한 번 읽어보도록 하자.

내가 내 목숨을 버리는 것은 그것을 내가 다시 얻기 위함이니 이로 말미암아 아버지께서 나를 사랑하시느니라 이를 내게서 빼앗는 자가 있는 것이 아니라 내가 스스로 버리노라. ……이 계명은 내 아버지에게서 받았노라 목숨을 바쳐서 목숨을 얻는다! 이것이 예수님이 보여주신 참사람의 길이야. 목숨을 바친다는 게 무엇을 뜻하는지, 생각나는 대로 말해보겠니?

__무엇을 위해 죽는 거지요.

예를 들어 말해봐.

__예를 들면 유관순 언니가 독립운동을 하다가 죽은 것도 목숨을 바친 거 아녜요?

맞지. 그런데 독립을 위해 만세운동을 하다가 어떻게 죽었지?

__일본 헌병한테 맞아 감옥에서 죽었지요.

그러니까 만세운동을 안 했더라면 그렇게 죽지는 않았겠지?

__그렇지요.

무엇을 위해 목숨을 바친다는 것은 그 무엇을 위해 죽을 때까지 생명을 걸고 일한다는 것 아니겠니? 중요한 것은 '죽음' 자체가 아니라 죽기까지 목숨 바쳐 일한다, 바로 그것이란다. 그러기에 예수님의 십자가 그것보다 우리가 바라보아야 할 것은 십자가에 도달하기까지 그분이 한결같이 걸으신 삶의 모습이야. 이 점을 명심할 필요가 있어. 흔히 십자가, 십자가, 하는데 물론 십자가가 중요하긴 하지만 그것은 예수님의 삶이 도달한 종점이고, 그보다 더 소중한 것은 거기까지 이르도록 예수님이 살아가신 바로 그 생생한 발자취(모범)란다. 예수님은 십자가라는 형틀에 매달리고자 사신 분이 아니라 오직 자기를 보내신 아버지의 뜻을 이루고 완성하고자(요한복음 8:25~29) 사신 분이거든. 마치 유관순 언니가 헌병들한테 맞아 죽으려고 산 게 아니라 조국 독립을 위해서 살았듯이. 이 점을 혼동하는 사람들이 가끔 있어서 '십자가'를 무슨 부적(符籍)인 양 우상숭배하듯 숭배하는 잘못을 저지르기도 한단다. 십자가 형틀이 우리를 살리는 게 아니라 예수님의 삶(그리고 죽음)이 우리에게 구원의 문(門)을 열어주는 거야. 알아듣겠니?

― 그럼 "십자가 보혈의 공로로 구원받았다"는 찬송가는 어떻게 된 거예요?

노랫말의 뜻을 잘 새겨야 해. 아버지 하나님을 위해, '모두[全體]'를 살리고자, 자기를 내어 바친 예수님의 삶이 노랫말에서 말하는 '십자가 보혈'이고, 바로 그 예수님의 삶을 본받아 살아감으로써 우리도 구원을 받는다는 그런 뜻이야. 우리는 팔짱 끼고 가만히 있는데도 예수님의 피가 무슨 마술을 부리듯 우리를 구원해낸다는 식으로 이해하면 곤란하지. 만일 그렇다면 아까도 말했지만 예수님이 무엇 때문에 "십자가를 지고 내 뒤를 따르라"느니 "내 멍에를 메고 나에게 배우라"느니 하셨겠어? 안 그래? 바울 선생님은 또 왜 예수님이 피를 흘리셨으니 우리는 가만있어도 산다고 하시지 않고 "믿음으로 말미암아 구원받는다"고 하셨겠니? 그분은 또 "내가 예수님을 본받았듯이 너희도 나를 본받으라"고 하셨는데, 무엇을 본받으라는 말이었겠어? 그 삶의 방향과 목적 그리고 자세까지, 보여주신 모든 것을 본받으라는 말씀 아니겠니? 목숨을 바쳐 목숨을 얻는 길, 죽어서 사는 길, 그게 바로 예수님이 바울에게 가르쳐주신 길이고, 바울이 또 우리에게 보여주신 길이란다.

아버지의 지상명령

　　　　　　🕮 마지막으로 중요한 사실 하나만 더 얘기하자. 이렇게 목숨 바쳐 다시 목숨 얻는 것을 예수님은 아버지께서 자기에게 내리신 '계명(명령_『공동번역성서』)'이라고 하셨어.
　"이 계명은 내 아버지에게서 받았노라." (요한복음 10:18)
　해도 그만 안 해도 그만이 아니라 반드시 해야 하는 것을 가리켜 '명령'이라고 하지. 십자가에 달리기까지 목숨을 걸고 아버지 뜻을 이루고자 할 수 있는 모든 것을 하는 것, 그것은 거룩한 명령이기 때문에 어길 수 없는 거야. 그것을 어기면 예수님은 죽고 말지. 사람이 그것 없으면 죽는 게 있는데 그게 뭐겠니?
　__……?
　힌트를 주마. 하루라도 그걸 먹지 못하면 죽는 게 있어.
　__밥이요?
　그래, 밥이지. 밥을 포함해서 반찬까지 사람이 먹고 사는 것을 통틀어 뭐라고 하지?
　__양식이지요, 뭐.
　옳거니, 양식이라고 하지. 자, 그럼 소리가 요한복음 4장 31절에서 34절까지 읽어보겠니?
　__그 사이에 제자들이 청하여 이르되 랍비여 잡수소서 이르시되 내게는 너희가 알지 못하는 먹을 양식이 있느니라 제자들이 서로 말하되 누가 잡수실 것을 갖다드렸는가 하니 예수께서 이르시되 나의 양식은 나를 보

내신 이의 뜻을 행하며 그의 일을 온전히 이루는 것이니라

됐어. 무엇이 예수님의 양식이라고?

　―나를 보내신 분의 뜻을 이루고 그분의 뜻을 완성하는 것이요.

'나를 보내신 분'이 누굴까?

　―아버지 하나님이시지요.

맞았어. 하루라도 아버지의 뜻을 이루어드리는 '일'을 하지 않으면 예수님은 그냥 죽을 수밖에 없으신 거야. 그분의 뜻을 이룬다는 것은 그분의 명령을 따르는 일이지. 무엇이 그분의 명령이라고 했지?

　―목숨을 바치는 것이요.

목숨 걸고, 그러니까 가지고 있는 것 모두 걸고 '전체'를 위해 '나'를 내어주는 것, 그렇게 살라는 것, 그것이 거룩한 하나님의 명령이라는 얘기가 되겠지?

　―예.

거듭 말하지만 목숨 바쳐 목숨 얻으라는, 죽어서 살라는, 이것이 하나님의 지상명령인 게야. 여기에 생명의 오묘한 신비가 있단다. 생명이란 그렇게 자기 아닌 남을 위해, 자기가 속한 '전부'를 위해, 스스로 자신을 내어주는 '바보들'로 말미암아 살아가게 되어 있는 거야. 너희 몸도 그런 숱한 '바보들'로 이루어져 있다는 사실을 알고 있니?

바보들의 집단, 소우주

　　　　　　　🕮＿우리 몸이 바보들로 이루어져 있다고요?
　그래. 옛날부터 인체(人體)를 소우주라고 했어. 무슨 말인고 하니 사람의 몸뚱이가 저 우주와 같은 원리, 같은 구조로 되어 있다는 거야. 그래서 인체의 원리를 알면 우주의 원리를 알 수 있다고들 하지. 우리 몸이 수많은 '바보들'로 이루어져 있다는 사실을 증명해볼까?
　＿좋아요.
　오늘은 얘기가 좀 길어진다만 이 이야기 하나만 더 하고 마치기로 하자. 그 대신 짧게 하마.
　자, 기림이 몸에 문제가 생겼다. 뱃속이 텅 비었어. 그러면 어떻게 하지?
　＿뭘 먹어야지요.
　그래야지, 먹어야겠지. 배가 텅 비었으니 무엇으로라도 채우긴 해야겠는데 배가 곧장 음식물을 가져다가 담을 수 있니?
　＿없지요.
　배는 그럼 어떻게 할까?
　＿뱃속이 비었으니 뭘 채워달라고 신호를 보내지요.
　어디로?
　＿머리요.
　맞았어. 그러나 배가 보낸 정보는 그냥 '뱃속이 비어 있음'일 뿐이야. 뭘 채워달라고는 하지 않지. 왜냐하면 그건 배가 비어 있다는 정보를 받고 우리 몸의 총지휘관인 머리(두뇌)가 판단할 문제니까.

자, 배로부터 '비어 있다'는 정보를 받은 뇌가 '아무거라도 좋으니 배를 채울 것'이라는 명령을 내리는 거야. 그러면 맨 먼저 누가 움직일까?

―눈이요.

―다리요.

―손이요.

좋아. 그건 기림이가 그때에 어떤 상황에 처했느냐에 따라 달라지겠지. 만일 그때 마침 식탁에 앉아 있었다면 손과 눈이 움직일 테고 먹을 것이 멀리 있다면 다리도 함께 움직이겠지. 아무튼 "배를 채울 것" 하고 명령이 떨어지는 순간 이미 기림이 몸은 알아서 움직이기 시작하는 거야.

부엌으로 걸어가는 건 다리고, 먹을 것이 어디 있나 찾는 건 눈이고, 찬장에 있는 감자를 보고 집어서 껍질을 벗기는 건 손이고, 잘게 부수며 침으로 삭이는 건 입이고, 씹은 감자를 위장에까지 옮기는 건 목구멍과 식도고…… 이렇게 여러 지체들이 부지런히 움직여 마침내 비어 있던 배를 채우게 되는 거지. 그런데 그 각자가 하는 짓이 얼마나 바보스런지 잘 살펴보렴. 배가 고픈데 왜 다리가 수고를 하니? 또 손이 하는 일을 봐. 맛있는 감자를 집어서 열심히 껍질을 벗겨가지고는 고스란히 입 안에 넣어주고 마는 거야. 이빨은 더 바보스럽구나. 들어온 음식을 열심히 씹어서는 한 조각도 자기 것으로 감춰두지 못하고 죄다 목구멍으로 넘기고 말지. 어쩌다가 맛있는 쇠고기를 씹다가 한 조각 슬쩍 해서 이빨 사이에 감춰두는 날이면 영락없이 꼬챙이가 들어와 빼내 가거든. 목구멍과 식도는 더 한심해. 그래도 혓바닥은 일하면서 맛이라도 즐기지. 식도는 완전 무료 봉사 아니니? 그저 목구멍으로 해서 들어온 음식물을 위장까지 옮기기만 하는 거야. 그것도 한평생을! 가만 보면 어느 것 하나 사람들처럼 '제 실속'을 차리지 않는구나. 그냥 묵묵히 자기에게 맡겨진 일을 하되 그 일이라는 게 백 퍼센트 자기 아닌 남을 위한 일이야. 그렇게 해서 들어온 음식을 위장이 혼자 가지느냐 하면 어림도 없지. 부지런히 녹이고 삭여서 창자로 보내고 창자는 그것들을 우리 몸에 필요한 온갖 영양소로 분해하여 눈, 손, 다리, 혀, 엉덩이, 발톱한테까지 골고루 나눠주는 거야.

자, 바로 이것이 우리의 몸이란다. 헤아릴 수 없이 많은 '바보'들의 집단이지. 자기는 돌보지 않고 자기가 속한 '전체'를 위하여 맡겨진 일을 말없이 하는 바보들! 그런데 바로 그 바보짓 때문에 우리 몸이 이렇게 살아 있는 것 아니겠니? 어때? 신기하지?

인체가 소우주라고 했으니 저 대우주도 마찬가지 원리로 이루어져 있겠지? 영락없이 그래. 저기 뜰에 마침 비가 오는구나. 비는 언제나 저렇게 자기 몸을 돌보지 않고 사정없이 땅에 던져버리지. 그렇게 하여 풀이 살고 흙이 살고 개울이 사는 거야. 개울은 저 혼자 재미있고 행복하게 살 궁리는 없이 흐르고 흘러 강물에 삼켜지고 말지. 강은 강을 위해 흐르나? 아니지! 마침내 바다에 이르러 바닷물에 삼켜지고 말지. 바다는 또 바다 저만을 위해 출렁거리나? 그 속에 온갖 고기와 풀이 자라고 지구를 푸른 생명체로 가꾸는 데 그 거대한 힘을 아낌없이 내어주고 그러다가 햇빛을 받아 수증기가 되면 다시 비로 바뀌어 언제나처럼 땅에다가 자기 몸을 던져버리는 거야. 이게 자연이란다.

하나님은 우리 보고도 그렇게 살라시는구나. 예수님이 오셔서 그렇게 사는 길을 가르쳐주시고 또 몸소 보여주셨어. 작은 목숨을 아낌없이 바쳐 엄청나게 큰 목숨을 얻으라고, 그렇게 사는 것이 영생(永生)이라고, 세상의 약삭빠른 꾀보들이 바보라고 놀리더라도 기꺼이 '바보'가 되라고, 그것만이 너와 내가 함께 살 유일한 길이라고…….

요한복음의 한 구절을 다시 읽어보자.

> 내가 곧 생명의 떡이니라. …… 나는 하늘에서 내려온 살아 있는 떡이니 사람이 이 떡을 먹으면 영생하리라(6:48~51)

그러나 떡은 먹는 자를 살리기 위해 자신은 죽는 법. 남은 살리고 자신은 죽어가는(마가복음 15:31) 예수님한테서 우리는 모두 함께 영원히 살아갈 길(道)을 만나게 되는 거란다.

그러니 소리야, 하기 싫겠지만 연습 삼아서라도 이번 발표회 때 사회를 맡아보는 게 어떻겠니? 저마다 똑똑해져서 남보다 높은 자리에 올라가려고 기를 쓰는 세상에 너희들이 거꾸로 낮은 자리를 찾아가는 '바보 되기' 연습을 한다면 이 아버지는 눈물이 나도록 고맙고 기쁘겠다. 자식이 진짜로 건강하고 신명나게 살아가는 길로 들어서는 것을 보고 기쁘지 않을 아비가 어디 있겠니?

> 너희 몸을 하나님이 기뻐하시는 거룩한 산 제물로 드리라 이는 너희가 드릴 영적 예배니라 너희는 이 세대를 본받지 말고 오직 마음을 새롭게 함으로 변화를 받아 하나님의 선하시고 기뻐하시고 온전하신 뜻이 무엇인지 분별하도록 하라(로마서 12:1~2)

네 번째 강의

죽으면서 죽지 않는 길

전체를 위해 '자기'를 바치는 것과 전체를 위해 개체를 희생하는 것은 전혀 다르지. 전체를 위해 '자기'를 바치는 것은 그 '자기'가 온전하고 건강하게 살아남는 유일한 길이거든.

❧

어제는 약속한 대로 '교회'에 대하여 이야기를 하려고 마음먹었는데, 소리 얼굴빛이 좋지 않은 바람에 교회 이야기는 한마디도 못하고 말았구나. 그래도 목숨 바쳐 다시 목숨 얻는, 어찌 보면 예수님 가르치신 내용의 핵심이라고 할 수 있는 '진리'를 얘기할 수 있었으니 결과적으로 더 잘된 일일는지 모르겠구나.

_한 가지 궁금한 게 있어요. 전체를 위해 자기를 바치는 것이 목숨 바쳐 목숨 얻는 거라고 하셨는데, 그럼 전체를 위해 개인은 희생해도 좋은 거예요? 잘못하면 전체주의하고 똑같아지는 거 아녜요?

슬기가 말문을 잘 열어주니 고맙다. 네 말을 들으니 옛날 일이 하나 생각나는구나. 아마 슬기 네가 학교에 들어가기 전, 그러니까 여섯 살쯤 되었을 때 일일 게야. 식구들이 둘러앉아 저녁밥을 먹는데 갑자기 전깃불이 나가지 뭐니. 그래서 촛불을 켰지. 맨 먼저 촛불 하나를 켜서 밥상 한쪽에

죽으면서 죽지 않는 길 63

세우고 다른 초를 가져다가 불을 댕기는데 밥을 먹다 말고 네가 누구에게
랄 것도 없이 불쑥 질문을 했어.

― 뭐라고요?

"응? 이상하다? 저 촛불이 이 촛불로 왔는데 왜 그냥 있어요?" 먼저
초에서 나중 초로 불이 옮겨 왔는데, 그런데 어째서 먼저 초에 불이 그냥
남아 있느냐는 거야.

― 야아, 언니가 아주 철학적인 질문을 했네? 그래서 뭐라고 대답해주
셨어요?

갑자기 너무 엉뚱한(어른들은 그런 따위 현상을 아예 이상하게 여기지도 않
으니까) 질문이어서 뭐라고 분명하게 대답해주지 못했던 것 같아. 그냥 엄
마 아빠가 아기를 낳는 것과 비슷하다고 했던가? 슬기 너 기억나니?

― 그렇게 물어봤던 것 같기도 한데 다 까먹었어요.

전체주의라는 함정

아무튼 지금 그 생각이 나는구나. 전체를 위해
'자기'를 바치는 것과 전체를 위해 개체(個體)를 희생하는 것은 전혀 다르
지. 전체를 위해 '자기'를 바치는 것은 그 '자기'가 온전하고 건강하게 살
아남는 유일한 길이거든. 촛불을 옮겨줘도 여전히 타오르는 촛불처럼 말
이다. 그러나 전체를 위하여 개체를 희생하자는 주장은, 이를테면 그게
전체주의라는 건데, 예수님을 죽이기로 결정한 사람들이 바로 그 주장을

폈던 거야. 명백하게 하나님의 뜻과 반대되는 주장이지. 소리가 요한복음 11장 47절부터 50절까지를 읽어보겠니?

 ―이에 대제사장들과 바리새인들이 공회를 모으고 이르되 이 사람이 많은 표적을 행하니 우리가 어떻게 하겠느냐 만일 그를 이대로 두면 모든 사람이 그를 믿을 것이요 그리고 로마인들이 와서 우리 땅과 민족을 빼앗아 가리라 하니 그 중의 한 사람 그 해의 대제사장인 가야바가 그들에게 말하되 너희가 아무 것도 알지 못하는도다 한 사람이 백성을 위하여 죽어서 온 민족이 망하지 않게 되는 것이 너희에게 유익한 줄을 생각하지 아니하는도다 하였으니

 됐어. 우선 거기까지만 읽자. 가야바의 말 한마디, "한 사람이 백성을 위하여 죽어서 온 민족이 망하지 않게 되는 것이 너희에게 유익한 줄을 생각하지 아니하는도다." 바로 이 한마디에 예수님을 십자가에 매단 사람들의 논리가 담겨 있단다. 그게 바로 전체를 살리려고 개체를 죽이는 전체주의(totalitarianism)라는 거야. 전체주의와 군국주의(militarism)는 사촌간이지. 나치즘이나 파시즘 따위가 일으킨 게 뭐니? 결국 전쟁이야. 전쟁을 일으켜 전쟁으로 망하는 게 전체주의란다.

 겉으로 일어나는 현상만 봐서는 '자기'를 바쳐 전체를 살리는 일(예컨대 예수님의 십자가 사건)과 전체를 위해 개체를 죽이는 일(예컨대 일본군의 자살 특공대)이 비슷하여 분간하기 어렵지만 그러나 둘은 흑과 백처럼 정반대로 다르지. 전체주의는 '전체'를 위해 '개체'를 죽이자는 것이고, 이쪽은 '전체'를 위해 '자기'가 스스로 죽는 것이고. 이 차이를 알겠니? 하나는 자기 아닌 누군가를 죽이자는 거고, 다른 하나는 바로 자기를 내어

주겠다는 거고. 그런데 전체주의에 의하여 죽임을 당한 사람은 그냥 개죽음(아무 의미 없는 죽음)을 당하고 말았을 뿐인 데 반하여 '자기'를 바친 삶의 죽음은 영원한 삶을 되돌려 받거든.

―그럼, 예수님은 가야바의 전체주의에 의하여 죽으신 건가요? 그렇다면 개죽음이잖아요?

아니지. 가야바 무리는 그렇게 생각해서 예수님을 죽이려고 했지만 예수님은 그들의 주장에 동조해서 또는 굴복해서, 그러니까 일본의 자살 특공대원들이 그릇된 전체주의에 승복하여 또는 강요받아 마지못해, 스스로 비행기에 폭탄을 싣고 적진에 뛰어들었듯이, 그렇게 십자가를 지신 게 아니라 당신 발로 당신 길을 걸어가신 거야. 그렇게 오해할까봐서 예수님은 십자가를 지기 전에 분명히 말씀하시지 않았니? "이를(목숨을) 내게서 빼앗는 자가 있는 것이 아니라 내가 스스로 버리노라"(요한복음 10:18)라고. 어떤 운동이나 일을 위해 기꺼이 자기를 내어주는 것과 억지로 또는 유혹을 받아서 개인을 희생하는 것은 너무나도 다른 거야. 나타나는 현상만 보고 비슷하다고 생각하는 것은 아주 위험한 일이지. 자칫 잘못하면 전체주의라는 함정에 빠지기 쉬우니 조심해야 해.

전체와 개체

말이 나온 김에 전체와 개체(부분)라는 개념에 대하여 조금만 더 생각해보기로 하자. 흔히들 전체와 개체를 분리하여 마치 그 둘이 동떨어진 것인 양 말한다만, 사실은 말로만 구분될 뿐 전체가 곧 개체고 개체가 곧 전체란다. 둘 사이는 결코 떨어질 수 없어. 아니 떨어질 수 없는 '둘'이 아니라 실은 '하나'의 다른 이름이라고 해야 맞는 말이지. 예를 들어 생각해보자.

우리 가정은 알다시피 다섯 식구로 이루어져 있는데 다섯 식구 이름을 들면 이현주, 정용숙, 이슬기, 이소리, 이기림 아니냐?

—그렇지요.

그 다섯이 우리 가정이라는 '전체'를 이루는 '개체'지. 이기림은 그러니까 한 개체란 말이다. 맞지?

—예.

이기림은 '개체'야. 그러나 이기림이라는 '개체'는 또 여러 다른 개체들로 이루어진 한 '전체'지. 머리, 가슴, 배, 팔, 다리 따위 여러 개체들이 모여서 이기림이라는 전체를 이루고 있단 말이다. 맞지?

—예.

그러니, "이기림은 개체이면서 동시에 전체다." 이렇게 말하면 맞는 말이냐? 틀린 말이냐?

—맞아요.

따라서 전체니 개체니 하는 말은 '이기림'이라는 한 '사람'의 두 이름이 되는 거야. 기림이 머리는 몸이라는 전체의 부분이자 개체이지만 동시에 귀, 눈, 코, 입, 턱 따위 여러 개체들로 이루어진 전체고. 맞지?

—예.

거꾸로 올라가도 마찬가지야. 우리 가정이라는 '전체'는 마을이라는 또 다른 '전체'를 이루는 여러 개체들 가운데 하나거든. 이렇게 세상에 존재하는 것은 모두가 그 어떤 것을 이루는 '부분(개체)'이면서 동시에 그 어떤 것들로 이루어진 '전체'란다. 그래서 개체와 전체는 둘이면서 둘이 아니고 하나면서 하나가 아닌 아주 묘한 관계를 이루는 거야. 그런 것을 한문으로 '불이비일(不二非一)'이라고 한단다. 세상 만물을 그렇게 보는 것은 이른바 '일원론적 관점'이라고 하지. 둘이면서 하나요, 하나면서 둘이요, …… 셋, 넷, 다섯……이면서 하나요, 하나면서 셋, 넷, 다섯……이요……. 그래서 한마디로 일즉다(一則多)요, 다즉일(多則一)이라고 하는 거야.

아버지가 서울 봉원동에 있는 봉원사라는 절에 갔더니 절 기둥에 이런 글이 새겨져 있더구나.

광흑불이시비일(光黑不二是非一)
진망무이시무동(眞妄無異是無同)

빛과 어둠이 둘이 아닌데 이것이 하나도 아니요, 참과 거짓이 다르지 않은데 이것이 같지도 않다는 뜻이지. 이런 눈으로 보면 전체와 부분(개체) 역시 '불이비일(不二非一)'이요, '무이무동(無異無同)'인 게야. 그리고 이런 관점이 대단히 과학적이요 사실적이라는 증거가 현대 물리학에서 뚜렷하게 증명되고 있단다.

까다롭고 난해한 물리학을 들먹일 것도 없이 나무와 열매를 생각해보렴. 나무가 전체라면 그 나무에 열려 있는 열매는 무엇일까?

__개체지요.

그래, 그런데 그 열매 속에는, 우리 눈에 보이지는 않지만, 나무 전체가 들어 있는 거야. 그것이 흙과 태양과 세월을 만나면 마침내 밖으로 드러나 우리 눈에 보이는 '나무(전체)'로 자라나는 거지. 열매 속에 나무가 들어 있음을 꿰뚫어 보는 것, 그것을 한문으로는 통찰(洞察)이라 하고 영어로는 '인사이트(insight)'라고 해. 인사이트란 '인(in)'에 '사이트(sight)'가 붙어서 된 단어니까 말 그대로 '안에서 보는' 것이지. 나무를 보는데 나무 안에서(또는 안을) 보니까 이번에는 나무가 보이는 거야. 알아듣겠니?

따라서 '개체'를 희생해 '전체'가 산다는 말은 말짱 빈말(거짓말)이야. 개체가 죽는 것은 곧 전체가 죽는 것이니까.

__그렇지만 어제는 전체를 위하여 개체가 죽어야 한다고 하셨잖아요?

내가 그랬니? 그랬다면 지금이라도 말을 바꿔 정확하게 말해야겠구나! 개체의 임무는 전체를 위해서 죽는 게 아니라 '사는' 거야. 무슨 말인고 하니, 자기 자신만을 위해서 살려고 하지 말고 자기가 개체(부분)로서 포함되어 있는 전체를 위해서 '살아야' 한단 말이다. 죽는 게 목적은 아니거든. 유관순 언니가 헌병한테 맞아 죽기 위해서 만세를 부른 게 아니라 조국의 독립을 위해서 만세를 부른 것이라고 말했잖니? 예수님의 십자가 죽음이 중요한 게 아니라 그 자리에 이르기까지 무엇을 위해 사셨는지, 어떻게 사셨는지, 그 '삶'이 중요하다고도 말했을 텐데?

전체와 부분(개체) 사이의 관계, 전체 속에 개체가 있고 개체 속에 전체가 있는 묘한 관계("아버지 안에 내가 있고 내 안에 아버지 계시고"__예수)를 재미있게 설명한 글이 있으니 한번 읽어보렴. 베트남 전쟁을 반대하다가 조국에서 쫓겨나 아직까지도 망명 생활을 계속하고 있는 틱낫한(Thich Nhat Hanh)이라는 베트남 스님이 쓰신 글이야.

> 만일 당신이 시인이라면 당신은 이 종이 한 장 안에 구름이 흐르고 있음을 분명히 보게 될 것입니다.
>
> 구름이 없이는 비가 없으며, 비 없이는 나무가 자랄 수 없습니다. 그리고 나무가 없이는 종이를 만들 수 없습니다.
>
> 종이가 존재하려면 반드시 구름이 있어야 합니다. 만일 구름이 이곳에 없으면 이 종이도 여기에 있을 수 없습니다. 그러므로 우리는 구름과 종이가 서로 내존(內存)하고 있다고 말할 수 있습니다.
>
> Interbeing이란 말은 아직 영어사전에 없습니다(우리말에도 '내존'이란 단어는 없어. 내가 임시로 말을 만들어봤지). 그러나 접두어 Inter(안으로, 안에서)와 동사 to be(있음)를 합하면 Inter—be라는 새로운 동사를 얻게 됩니다.
>
> 구름 없이는 종이가 없습니다. 그러므로 우리는 구름과 종이가 서로 '내존' 한다고 말할 수 있습니다(종이는 구름을 통하여, 구름은 종이를 통하여 존재한다는 뜻이겠지).
>
> 만일 우리가 이 종이를 더 깊게 들여다본다면 그 안에서 햇빛을 보게 됩니다. 햇빛이 없다면 나무는 자랄 수 없습니다. 사실은 아무것도 자라지 못합니다. 그러므로 햇빛이 이 종이 안에 있음을 우리는 봅니다. 종이와 햇빛은 서로 내존하고 있습니다.
>
> 계속하여 들여다보면 우리는 나무를 베어 제재소로 운반해 간 나무꾼을

봅니다. 그가 먹었을 빵을 봅니다. 그 빵을 만드는 밀가루도 봅니다. 밀가루를 만든 농부를 보고, 그의 어머니, 아버지를 봅니다. 이런 식으로 계속 바라볼 때 우리는 이 모두가 없이는 종이 한 장이 존재할 수 없음을 보게 됩니다.

…… 그러므로 모든 것이 이 종이와 함께 여기에 있다고 말할 수 있습니다. 시간, 공간, 지구, 비, 땅 속의 광물질, 햇빛, 구름, 강, 열…… 모든 것이 이 종이와 함께 내존합니다.

…… 이렇게 해서 이 얇은 종이 한 장이 우주의 모든 것을 담고 있는 것입니다.

자, 이쯤 해서 슬기가 제기한 문제, 예수님의 가르침과 전체주의의 주장이 같은 것 아니냐는 오해에 대한 아버지의 설명을 마감해야겠구나. 한마디만 덧붙인다면 전체주의는 전체와 개체를 서로 떨어뜨려서 보는 데 반하여, 그러니까 그 둘의 정체를 알지 못한 오해 또는 착각을 바탕으로 삼는 거짓 주장인 데 반하여, 예수님의 가르침은 그 둘이 하나임을 꿰뚫어 보는 해맑은 통찰력을 바탕으로 한 참된 가르침이라 할 수 있어. 무엇을 제대로 참되게 '안다'는 것이 얼마나 중요한 건지 이제 좀 알겠지?

─예. 그러니까 전체를 위하여 자기를 내어주는 것은 죽으면서 죽지 않는, 그런 거군요?

죽으면서 죽지 않는다!

맞아! 바로 그거야! "죽으면서 죽지 않는다!" 소리 네 입에서 그런 말이 나오다니 신통하고 기특하구나. 그렇지만 중요한 것은 머리로만 그렇다고 알지 말고 몸으로 그것을 깨닫는 거야. 몸으로 깨달으려면 그렇게 해야만 해. 꿀맛이 어떤 건지를 몸으로 알려면 그것을 먹어봐야 하듯이. 아버지는 너희 셋이 주님의 지혜로 자라나 마침내 '죽으면서 죽지 않는' 삶을 살아낼 수 있다면 더 바랄 게 없구나. 반드시 그렇게 될 줄로 믿는다.

―아멘!

고맙다.

―고맙긴 우리가 고맙지요.

함께 고마운 거지. 잠깐, 여기서 우리 하나님께 기도드리고 계속하자.

―예.

하나님 아버지, 고맙습니다. 예수님이 가르쳐주신 길이, 죽으면서 죽지 않는 길이라는 걸 깨닫게 해주셔서 정말 고맙습니다. 이제부터는 무슨 일을 하든지 나 자신만 생각하거나, 나 자신을 먼저 생각하거나, 남을 무시하거나, 혼자서만 행복해지려고 생각하는 잘못을 저지르지 않게 해주십시오. 사랑하는 양들을 위해 목숨 바쳐 가르치고 이끌고 지켜주시는 착하신 목자 예수님 이름으로 기도합니다.

―아멘.

자, 어제부터 지금까지 여러 이야기를 했는데 이 세상과 우리 '몸'이 얼마나 신기하고 묘한 이치로 이루어졌는지 대강 알겠지? 이제 '교회는 그리스도의 몸'이라고 가르쳐주신 바울 선생님 말씀을 가지고, 교회란 어떤 것인지 함께 알아보기로 하자.

먼저 성경을 읽어보는데 기림이가 찾아서 읽을까? 에베소서 4장 11절부터 16절까지다.

그가 어떤 사람은 사도로, 어떤 사람은 선지자로, 어떤 사람은 복음 전하는 자로, 어떤 사람은 목사와 교사로 삼으셨으니 이는 성도를 온전하게 하여 봉사의 일을 하게 하며 그리스도의 몸을 세우려 하심이라 우리가 다 하나님의 아들을 믿는 것과 아는 일에 하나가 되어 온전한 사람을 이루어 그리스도의 장성한 분량이 충만한 데까지 이르리니 이는 우리가 이제부터 어린 아이가 되지 아니하여 사람의 속임수와 간사한 유혹에 빠져 온갖 교훈의 풍조에 밀려 요동하지 않게 하려 함이라 오직 사랑 안에서 참된 것을 하여 범사에 그에게까지 자랄지라 그는 머리니 곧 그리스도라 그에게서 온 몸이 각 마디를 통하여 도움을 받음으로 연결되고 결합되어 각 지체의 분량대로 역사하여 그 몸을 자라게 하며 사랑 안에서 스스로 세우느니라

됐다, 수고했어. 우선 본문에 나오는 몇 가지 단어 설명부터 하고 넘어가자.

11절을 『공동번역성서』로 읽으면 "그분이 사람들에게 각각 다른 선물을 은총으로 주셔서"라는 말이 앞에 있는데, 여기서 '그분'은 말할 것 없이 그리스도를 가리키고, '은총'은 값없이 주시는 것을 뜻하는 말이야. 누가 무슨 일을 해서 그 대가로 받는 것을 '은총'이라고 하지는 않거든. '값

없이 주는 것'이라는 말을 오해하여, 그리스도께서 주시는 은총이 공짜 싸구려라는 뜻으로 아는 사람이 있는데, 그게 아니라 값을 따진다면 아무도 치를 수 없을 만큼 비싼 것이기 때문에 값을 계산하지 않고 주시는 것이라는 뜻이야. 12절의 "그리스도의 몸"이란 사도, 예언자, 전도자, 목자, 교사 등 여러 개체로 이루어진 전체인 교회를 가리키는 말이고, 바로 이 12절이 교회란 어떤 것인지를 설명하는 요절이라고 볼 수 있어. 나머지는 별로 어려운 말이 없으니 곧장 그리스도의 몸인 교회에 대하여 생각해보기로 하자.

　__내일 해요, 아버지. 어제부터 너무 강행군인 것 같아요. 밥도 천천히 조금씩 먹으라고 하셨잖아요? 아버지도 좀 피곤하신 것 같고요.

　그러자꾸나. 슬기가 역시 맏딸답게 한마디 하는구나. 그럼 내일 다시 모이자. 오늘도 '교회'에 대해서는 겨우 말만 꺼내고 말았네?

다섯 번째 강의

교회 밖에도 구원이 있다?

기독교가 하나님을 만들었다면, 그랬다면 하나님은 교회 안에서만 일하시겠지. '기독교의 하나님'이시니까. 그러나 기독교가 하나님을 만든 게 아니라 그 반대거든.

❋

　　　　　그래, 좀 쉬었냐? 덕분에 아버지도 한 이틀 쉴 수 있었어. 그런데 마음은 그리 평안하지 못하구나. 바로 어제, '감리교단을 염려하는 기도회'라는 데를 다녀왔거든.

　생각해보면 가슴 아픈 기도회였단다. 감리교신학대학의 두 교수님을 교단에서 재판하여 출교(黜敎)했는데 그것이 잘못되었다고 생각하는 이들이 '감리교단을 염려하는 기도모임'을 만들어 처음으로 기도회를 열었던 거야.

　_출교가 뭔데요?

　교단에서 내쫓는 거야. 당신들은 감리교인이 아니니까 나가라는 거지. 물론 목사 자격까지 빼앗았단다.

　_그 두 분이 무슨 잘못을 저질렀나요?

　한 분은 "교회 밖에도 구원이 있다"고 주장했다는 거고, 다른 한 분은 육체 부활을 부정했다는 거야.

교회 밖에도 구원이 있다? 77

__그것도 죄인가요?

죄냐 아니냐는, 생각하는 사람에 따라 달라지는 거니까 한마디로 말할 수 없지. 그러나 교단에서 그들을 재판하여 내쫓아버린 것은 잘못이라고 생각하는 사람들이 어제 기도회에 모인 거야.

__아버지는 어떻게 보세요?

교회 밖에도 구원은 있다

그 두 분의 주장에 아버지도 찬성이지. 적어도 교회 밖에 구원이 있다는 것과 육체로 부활하는 게 아니라는 점은 분명한 사실이니까.

__교회 밖에 구원이 있다면, 교회에 다니지 않아도 구원받는단 말이에요?

네가 말하는 '교회'가 무엇을 뜻하느냐에 따라 아버지 대답은 달라질 수밖에 없구나.

__교회가 교회지요, 뭐.

그렇게 간단한 게 아니야. 교회에는 두 가지 종류가 있거든. 너희들 이런 말 들어봤지? "그 사람, 사람이 아니야."

__예.

사람이란 말에 두 가지 뜻이 있듯이, 교회에도 두 가지 뜻이 있어. 먼저 말한 사람은 모양만 사람 모양을 갖춘 사람을 뜻하고, 나중 말한 사람은 모양뿐 아니라 그 속도 참사람인 그런 사람을 뜻하는 말 아니겠니? 겉으로 보이는 모습(형태)이 교회라고 해서 모두 교회라고 할 수는 없단다. 보이지 않는 속(내용)이 진짜 교회여야 교회지. 무슨 말인지 알겠어?

―예.

그러니까 만일 네가 말한 교회라는 게 겉으로만 교회로 보이고 내용이 교회답지 못한 그런 교회라면 "그 교회, 교회가 아니야" 하고 말할 수 있겠지? 그런 교회라면 "교회 밖에 구원이 있다"고 얼마든지 말할 수 있는 거야. 또 그렇게 말해야 하고. 미안한 말이지만 교회도 사람들 모임이다 보니까 안팎이 완전한 그런 교회가 아닐 수 있거든. 속으로는 도무지 교회라고 볼 수 없는데도 아주 그럴듯한 모양을 고루 갖춘 교회들이 뜻밖에도 많단다. 물론 그런 교회라고 해서 그 안에서 하나님이 일하시지 않는 건 아니지만, 하나님은 그렇게 겉으로만 교회의 모습을 갖춘, 인간들이 만든 어떤 기구나 제도 따위에 갇혀 그 속에서만 일하시는 분이 아니지.

―그럼 불교 믿는 사람들도 구원받아요?

누가 구원받느냐 못 받느냐는 나나 네가 판단, 결정할 게 못 돼. 하나님이 하실 일이지. 그러니까 그런 식으로 질문하는 게 아니야. 그런 질문을 쓸데없는 질문이라고 하지. 너희가 물어야 할 것은, "우리가 예수님을 어떻게 믿어야 구원받나요?"일 뿐이다. 아니, 정확하게 말하면 "우리는 어떻게 해야 이미 받은 '구원'을 우리의 것으로 삼고 구원받은 자로서 살아갈 수 있나요?" 하고 물어야 돼. 왜냐하면 너희는 이미 기독교인이거든.

자기 코가 댓 자나 빠져 있으면서 남의 일을 간섭하고 궁금해하는 건 옳은 태도가 아니란다. 베드로도 그랬다가 예수님께 꾸중 들은 적이 있잖니?

베드로가 돌이켜 예수께서 사랑하시는 그 제자가 따르는 것을 보니 그는 만찬석에서 예수의 품에 의지하여 주님 주님을 파는 자가 누구오니이까 묻던 자더라 이에 베드로가 그를 보고 예수께 여짜오되 주님 이 사람은 어떻게 되겠사옵나이까 예수께서 이르시되 내가 올 때까지 그를 머물게 하고자 할지라도 네게 무슨 상관이냐 너는 나를 따르라 하시더라(요한복음 21:20~22)

베드로가 잘난 척하고 '쓸데없는 질문'을 했다가 무안을 당하고 말았지. 불교 신자가 구원을 받느냐 못 받느냐가 중요한 게 아니라 네가 예수님을 과연 제대로 따르느냐 못 따르느냐가 문제야. 알아듣겠어?
_예, 그렇지만 교회 밖에도 구원이 있다면 전도할 필요도 없잖아요?
왜 없어?
_교회 안 다녀도 구원받는데 뭣 하러 전도해요?
전도(傳道)가 뭔데? 전도는 말 그대로 도를 전하는 거야. 그것을 '교회'에 데리고 오는 것과 똑같은 것으로 생각하는 데 문제가 있어. 더구나 그 교회라는 게 겉만 교회 모습을 한 그런 교회라면 차라리 데리고 들어오지 않는 게 더 낫지. 예수님도 비슷한 말씀을 하신 적이 있단다. 사람들을 구원한답시고 열심히 다니면서 유대교로 개종(改宗)을 시키던 율법학자와 바리새인들에게 하신 말씀인데 들어보렴.

화 있을진저 외식하는 서기관들과 바리새인들이여 너희는 교인 한 사람을 얻기 위하여 바다와 육지를 두루 다니다가 생기면 너희보다 배나 더 지옥

자식이 되게 하는도다(마태복음 23:15)

만일 오늘의 장로나 목사들이 한 사람을 개종시켜 기독교인으로 만들려고 여기저기 다니다가 교인으로 만든 다음 오히려 그 사람을 더욱 타락시킨다면, 예수님은 그들 목사나 장로에게 똑같은 말씀을 하시지 않겠니?

교회 다닌다고 해서 모두 구원받는 건 결코 아니야. 둘이서 같은 맷돌을 돌리는데도 하나는 데려가고 하나는 버려둔다고 예수님이 말씀하셨어. 목사라고 해서 무조건 구원받는 것도 아니지. 하나님은 그런 식으로, 사람이 사람을 보듯이, 직업이나 겉모양 따위로 판단하시는 분이 아니거든.

교회의 하나님인가, 하나님의 교회인가

예수님이 세상에 오신 것은 '기독교'라는 종교를 만들기 위해서가 아니었어. 따지고 보면 예수님은 유대교인이셨지. 그러나 그분은 유대교라는 울 안에서만 일하시지 않았단다. 왜냐하면 그를 세상에 보내신 아버지 하나님이 유대교 안에서만 일하시는 분이 아니었으니까. 무슨 말인지 알겠니?

기독교가 하나님을 만들었다면, 그랬다면 하나님은 교회 안에서만 일하시겠지. '기독교의 하나님'이시니까. 그러나 기독교가 하나님을 만든 게 아니라 그 반대거든. '기독교의 하나님'이 아니라 '하나님의 기독교'야. 무슨 말인지 알겠지? 그렇다면, 만든 분이 더 크냐? 만들어진 것이 더 크냐? 사람이 더 크냐? 사람이 만든 집이 더 크냐?

__집이 더 크지요.

집이 더 크다고? 하하하. 집이 사람보다 더 위대하단 말이냐?

__그건 아니지요.

한번 하나님과 교회의 관계를 수학 기호로 표시해볼까? '하나님 = 교회'라고 하면 맞을까?

__틀려요. 하나님이 곧 교회는 아니니까요.

그럼, 남은 부호는 '〈' 이거나 '〉' 일 텐데 '하나님 〈 교회'라고 하면 어떠냐?

__그것도 아니지요. 하나님보다 교회가 더 큰 건 아니니까요.

그렇다면 결국 '하나님 〉 교회'라고 해야겠구나?

__예.

'하나님 〈 교회'를 그림으로 그리면,

이렇게 되겠지?

__그렇지요.

이 그림은 틀린 그림이니까 결국 하나님과 교회의 관계를 그림으로 그리면,

이렇게 되겠지?

_예.

그럼 이렇게 그려도 되겠구나.

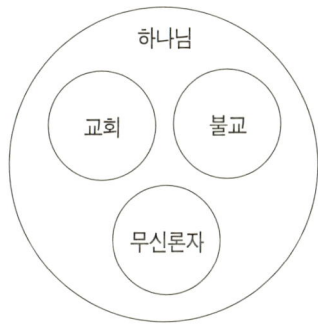

_그렇겠지요.

그러니까 "하나님은 교회 밖에서도 일하신다"고 말해도 되겠지?

_예.

'말해도 되겠지'가 아니라 그렇게 말해야 하는 거야. 한번은 어떤 전도사님이 나에게 정색을 하고 이렇게 말하더라. "목사님, 교회 밖에도 구원이 있다고 말하지 마요. 목사님을 존경하는 사람들이 실망합니다." 그래서 위의 그림을 보여주며 "하나님은 교회 밖에서도 일하시겠지요?" 하고 물었더니 "그렇지요. 그러니까 '하나님은 교회 밖에서도 일하신다'고는 말해도 돼요. 그렇지만 '구원'이라는 말은 쓰지 마세요. 그건 기독교에만 있는 말이니까요." 이러지 않겠니? 세상에 그런 '눈 감고 아옹'이 어디 있니? 하나님이 사람을 위해 하시는 '일'이 사람을 구원하는 것 말고 뭐가 있겠어? 안 그래? '구원'은 곧 하나님의 '일'이고 그것을 기독교가 독점할 수는 없는 거야. 그림 하나 더 그려볼까?

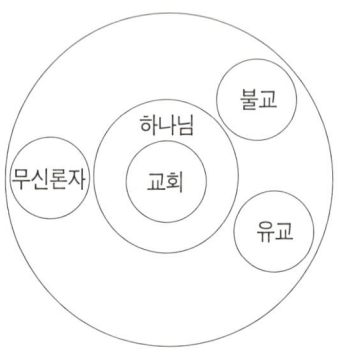

이 그림은 어떠냐? 하나님 바깥에 불교, 유교, 무신론자……가 있는 거야. 하나님 안에는 교회만 있고.

_틀린 그림이지요. 하나님을 벗어나서는 아무것도 있을 수 없으니까요.

사람이 어떤 주장이나 견해에 갇히다 보면 이런 그림을 고집할 정도로 아둔해질 수도 있는 법이란다. 종교는 좋은 것이지만 결코 사람에게 좋은 결과만 안겨다주는 것은 아니야. 사람을 해방시켜 참자유인이 되게 하는 것이 종교의 목적인데 오히려 더욱 답답한 감옥에 가두기도 하거든. 물론 그 탓은 종교에 있다기보다 종교를 잘못 이해하고 받아들인 사람의 어리석음에 있지만.

아버지는 기독교라는 종교가 너희에게 어떤 뜻으로도 사슬이나 족쇄가 되는 것을 바라지 않아. 오히려 사슬이나 족쇄를 깨뜨리는 망치가 되기를 바란다.

> 그리스도께서 우리를 자유롭게 하려고 자유를 주셨으니 그러므로 굳건하게 서서 다시는 종의 멍에를 메지 말라(갈라디아서 5:1)

그러나 바울 사도의 이 말씀을 오해하여, '이제부터 나는 자유니 무슨 일이나 다 할 수 있다'고 쉽게 생각해서는 안 돼. 자유는 결코 방종(放縱)이 아니니까. 그리스도인의 자유란 저 하고 싶은 대로 다 하는 자유가 아니라, 하나님께 절대 복종함으로써 얻을 수 있는 그런 자유란다. 다시 말하면, 내가 하고 싶은 대로 하는 게 아니라 내 속에 계시고, 나보다 더 나를 잘 아시며, '나보다 더 나와 가까우신'(_아우구스티누스) 하나님, 그분의 뜻을 온전히 따르는 것이 곧 그리스도인의 자유라는 말이야. 그래서 바울 사도는 이어서 이렇게 말씀하셨지.

> 형제들아 너희가 자유를 위하여 부르심을 입었으나 그러나 그 자유로 육체의 기회를 삼지 말고 오직 사랑으로 서로 종노릇 하라(갈라디아서 5:13)

자기가 하고 싶은 대로 해도 방종이 아니라 참된 자유의 행사가 되는 수가 없는 건 아니야. 만일 네가 바울 사도처럼 "이제는 내가 사는 것이 아니요 오직 내 안에 그리스도께서 사시는 것이라"(갈라디아서 2:20) 하고 진심으로 말할 수 있다면 그때에는 너 하고 싶은 대로 무엇이든 다 해도 돼. 공자님 같은 성인(聖人)은 나이 일흔이 되어서 마침내 그런 경지에 들어 "내가 하고 싶은 대로 해도 법도에 어긋나지 않았다〔從心所慾不踰矩〕"고 하셨지.

'기독교'를 믿는다고?

종교는 사람을 이러한 자유로 이끄는 길이란다. 달을 가리키는 손가락일 수도 있고. 그러니까 종교가 바로 우리 믿음의 내용이나 대상(목적)이 되어서는 안 돼. 이 말은 중요한 말이니까 아무쪼록 명심해라. 종교는 사람을 하나님(자유)께로 데리고 가는 길과 같은 것이야. 그것을 하나님 대신 믿어서는 곤란하지. 흔히 불교를 믿는다, 기독교를 믿는다, 하는데 따져보면 틀린 말이야. 석가세존은 제자들에게 자기를 믿지 말라고, 자기가 가르쳐준 말도 믿지 말라고 했어. 믿어서는 안 될 것을 믿을까봐 그랬던 거야. 열반에 드시기(죽기) 직전에 부처는 제자인 아난다에게 이렇게 말했단다.

> 아난다야, 너 자신을 섬〔島〕으로 삼아라. 너 자신을 의지할 곳으로 삼아라. 남을 의지해서는 안 된다. 법을 섬으로 삼고 굳게 붙들어라. 법을 의지처로 삼고 굳게 붙들어라. 다른 어떤 피난처도 의지하려 해서는 안 된다. 아난다야, 지금도, 내가 간 다음에도, 누구든지 자신을 섬으로 삼아야 하

며 자신을 의지처로 삼아야 하며 어떤 바깥 피난처도 의지하려 해서는 안 된다.

부처는 아난다와 다른 제자들이, 자신의 가르침이 아니라 그것을 가르친 자기를 믿고 의지할까봐 이렇게 미리 경계를 한 거야. 그는 사람들에게 '불교'가 아니라 불교가 가르치는, 해탈(구원)에 이르는 '법'을 보라고, 손가락이 아니라 달을 보라고 틈만 나면 일깨워주셨단다. 마찬가지로, 우리도 믿어야 할 유일한 대상은 하나님이지 그분을 가리키고 그분께로 인도하는 길[道]인 '기독교'는 아니야. 교회가 사람을 구원하는 게 아니라, 교회의 머리이신 그리스도, 그분만이 우리에게 구원의 길을 열어주신다는 말이다. 알아듣겠니? 만일 누가 교회만이 사람에게 구원을 준다고 믿고 주장한다면 그것은 교회를 우상으로 섬기고 있는 거야. 하나님을 믿는다면서 우상을 숭배한다면 크나큰 잘못을 저지르는 것 아니겠니?

"교회 밖에도 구원이 있다"는 말은 구원을 교회의 독점물로 삼는 잘못을 바로잡으려는 뜻 깊은 말씀이라고도 볼 수 있어. 기독교 역사 이천 년 만에 비로소 그런 성숙한 말을 할 수 있게 됐으니 늦었지만 축하할 일이지. 사람이 그렇지 않니? 어렸을 때는 저밖에 모르다가 크면 자기 말고 남들도 있다는 사실을 알게 되거든.

— 그렇지만, 예수님이 그러셨잖아요? 나를 거치지 않고는 아무도 아버지께로 갈 수 없다고.

그러셨지. 예수님이 말씀하신 그 '나'가 누구지?

— 예수님이지요.

그래, 그런데 그 말씀을 하시기 바로 직전에 뭐라고 하셨니? "나는 길이요 진리요 생명이다." 무슨 길일까? 하나님께로 가는 길이지. 하나님께로 가는 길은 하나님에게 닿는 길이고. 그러니까 하나님과 '하나'인 그런 길이라는 말이야. 서울 가는 길은 아무튼 서울과 맞닿아야 하지 않겠니? 따라서 서울 가는 길에 올라선 사람은 그 길을 통해 이미 서울 땅을 밟고 있는 셈이라고도 할 수 있지. 아버지가 늘 예로 들듯이 개울은 강에 닿고 강은 바다에 닿고, 그러니 개울이나 강이나 모두 바다와 '한몸'이거든. 그래서 예수님은 당신과 아버지 하나님이 '하나'라고 하신 거야.(요한복음 10:30) 그 길은 또 참된 길이란다. 그래서 진리라고 하신 거야. 길이라고 해서 모두 참된 것은 아니야. 세상에는 오히려 사람을 속이는 가짜 길이 너무나도 많단다. 그런데 예수님은 당신이 참된 길이라고 하시고 그러니까 마침내 생명 자체이신 하나님(생명 = '숨' = 하나님)에게로 이끄실 수 있노라고, 그런 '나'를 떠나서는, 그 '길'을 벗어나서는, 결코 하나님 나라에 들어갈 수 없다고 말씀하신 거야.

예수의 이름과 구원

       그렇지만 성경에 예수 이름 말고는 사람을 구원할 이름이 없다고 했잖아요?

베드로 사도가 예수의 이름을 전한다고 해서 체포당했을 때 자기를 잡아들인 유대교 지도자들에게 그런 말을 한 것은 분명한 사실이지.(사도행전 4:12) 그러나 한편 성경에는 예수님이 이렇게 말씀하신 대목도 있단다.

> 나더러 주여 주여 하는 자마다 다 천국에 들어갈 것이 아니요 다만 하늘에 계신 내 아버지의 뜻대로 행하는 자라야 들어가리라 그 날에 많은 사람이 나더러 이르되 주여 주여 우리가 주의 이름으로 선지자 노릇 하며 주의 이름으로 귀신을 쫓아 내며 주의 이름으로 많은 권능을 행하지 아니하였나이까 하리니 그 때에 내가 그들에게 밝히 말하되 내가 너희를 도무지 알지 못하니 불법을 행하는 자들아 내게서 떠나가라 하리라(마태복음 7:21~23)

무슨 말씀이니? 내 '이름'만 가지고는 안 된다는 거 아니냐? 이름이 중요한 게 아니라 그 이름으로 불리는 '사람'이 중요한 거야. 예수님의 '이름'이 아니라 '실체(삶)'가 우리에게 구원의 문을 열어주신다는 그런 말이다.

그러면 베드로의 말이 틀린 것일까? 그렇지는 않아. 문제는 많은 사람이 그의 말귀를 제대로 알아듣지 못한다는 데 있지. 베드로가 예수님의 수제자인데 "내 '이름'만 불러서는 구원받지 못한다"는 스승의 말씀을 못 들었을 리도 없고, 듣고 나서 까먹었을 리도 없을 터이니, 그때 유대교 지도자들 앞에서 "그분의 이름 아니고는 사람을 구원할 이름이 없다"고 말한 것은 그들이 예수라는 '이름'을 가지고 트집을 잡았기 때문이라고 봐야 하지 않겠니?

예수님 말씀하고 베드로의 말씀하고, 우리는 누구 말을 더 먼저, 더 중

교회 밖에도 구원이 있다? 89

요하게 모셔야 할까?

　　―예수님 말씀이지요.

　그렇다면 더 의심하거나 망설일 필요가 없잖니? '예수'라는 이름이 아니라 예수님이 우리를 구원하시는 거야. 그 예수님은 다름 아닌, 다윗보다 먼저 계셔서 다윗이 '주'라고 불렀던 그리스도요,(누가복음 20:44) 천지가 창조되기 전부터 계셨던 '말씀'이신 하나님이지. 만일 '나사렛 예수'라는 '이름'을 꼭 알아야지만 구원을 받는다면 모세나 아브라함은 구원받지 못했게? 예수님이 '예수'라는 '이름'을 가지고 세상에 태어나시기 천 년도 더 전에 살았던 사람들이니까. 그러니 예수라는 '이름'을 모르면 구원받을 수 없다는 베드로의 말씀을, 그 말귀를 새기려고 하지 않고, 문자 그대로 받아들여서 모세도 엘리야도 구원받지 못했다느니 또는 그들도 죽은 다음에 예수라는 이름을 들었을 것이라느니, 영적으로 알았는데 다만 말로 표현을 하지 않았을 것이라느니 하면서 억지소리를 하는 것은 도무지 터무니없는 주장이라고 하지 않을 수 없구나.

　"교회 밖에도 구원이 있다"는 말은 조금도 교회를 무너뜨리거나 교회의 바탕을 흔들 수가 없어. 오히려 더욱 그 뿌리를 든든하게 내리도록 도와줄 게다. 사람이 어렸을 때에는 '아버지'라고 하면 자기 아버지밖에 없는 줄 알았다가 차츰 커지면 다른 집에도 '아버지'가 있는 줄 아는 것처럼, 기독교도 이제는 어른스러워져서 다른 종교에도 아버지가 계시다는 걸 깨닫게 된 거야. 그리고 더욱더 성숙해지면 우리 집 아버지도 이웃집 아버지도 모두가 한 분이신 '아버지(하나님)' 바로 그분의 다른 '이름'이라는 걸 깨닫게 되는 거지. 나는 앞으로 세상의 모든 종교가(물론 사이비

가짜 종교는 여기 끼어들 수 없지!) 함께 성숙하여 방금 말한 '깨달음'을 얻게 될 것이라고 믿는다. 그렇기 때문에 "교회 밖에도 구원이 있다"는 말은 바른 말일 뿐 아니라 반갑고 기특한 말로도 들리는구나. 그만큼 기독교가 하나님 앞에서 어른스러워졌다는 증거니까. 내 말 알아듣겠니?

_그럼 아버지는 우리가 기독교를 버리고 불교 신자가 되면 어떻게 하겠어요?

그건 내가 할 수 있는 대로 말리겠다. 올바른 태도가 아니니까. 기독교 신자인 너희에게는 부처가 아니라 예수가 '유일한' 길이거든. 나에게도 마찬가지고. 이 '길'이 진리와 생명에 이르는 길임을 의심할 수 없는 한, 절대로 한눈을 팔아서는 안 돼. 오직 예수, 그 길뿐이야.

이웃집에도 아버지가 있는 걸 알았다고 해서 자기 아버지를 버리고 이웃집에 가서 산다면 말이 되니? 다른 종교를 인정한다고 해서 그것이 자기 종교를 부인하거나 포기하는 것으로 될 수는 없는 거야. 이런 얘기가 혹시 너희들 기독교 신앙을 흔들리게 하거나 어지럽게 하거든, 지금까지 아버지가 한 얘기를 모두 부정해도 좋아. 아직 그런 얘기를 들을 만큼 성숙한 게 아니니까, 뿌리도 내리기 전에 나무를 흔드는 바람이 불어오면 막아야지. 억지로 아버지 얘기를 받아들일 필요는 조금도 없어.

_사실은 우리도 아버지 생각하고 같아요. 학교에서 다른 종교를 비난하고 무시하는 아이들을 보면 어쩐지 좀 답답하고 그렇거든요. 특히 목사님네 아이들이 더 그래요.

네가 그렇게 생각한다니 반갑구나. 목사님네 자녀가 더 그런 건 당연하지. 어려서부터 그렇게 배웠을 테니까. 다른 아이들은 비난하고 무시하려고 해도 뭘 알아야지. 그러나 잘못 알거나 모자라게 아는 것은 아예 모르느니만 못하다.

_그럼 그 두 분은 어떻게 되는 거예요?

아직 재판이 다 끝난 것은 아니니까 알 수 없어. 그러나 어떻게 끝나든지 가슴 아프기는 마찬가지겠지. 한국 감리교회는 이 상처를 지혜롭게 잘 다스려야 할 게다. 그러나 이런 아픔을 통해서 '교회'는 더욱 성숙하고 완전해지는 법이야. 아버지는 그걸 믿지. 우리는 이런 사건을 통해 하나님이 주시는 교훈을 잘 깨닫고 받아들여야 해.

'육체의 부활'이라는 것이 있나?

_"교회 밖에도 구원이 있다"는 건 그렇다 치고, 육체의 부활을 믿지 않는다는 건 또 뭐예요?

그건 간단해. 성경 어디에도 '육체'의 부활을 믿으라는 말은 없어. 예수님의 부활은 육체의 부활이 아니야. 생각해보렴. 사람이 모두 육체로 부활한다면, 평생 꼽추로 고생한 사람은 부활해서도 꼽추로 살아야 할 것 아니냐?

일곱 남편하고 산 여자가 부활하면 어느 남편과 살아야 하느냐고 사람들이 물었을 때 예수님이 뭐라고 하셨지?

너희가 성경도 하나님의 능력도 알지 못하므로 오해함이 아니냐 사람이

> 죽은 자 가운데서 살아날 때에는 장가도 아니 가고 시집도 아니 가고 하늘
> 에 있는 천사들과 같으니라(마가복음 12:24~25)

　지금 지니고 있는 육체로 부활한다는 주장은 성경을 몰라도 너무 모르는 무식한 사람들의 잘못된 주장이란다.
　_그렇지만 예수님은 부활하셔서 손의 못 자국과 옆구리 상처를 보여주셨잖아요?
　그랬다고 그것이 돌아가시기 전의 그 '육체'였다는 증거가 될 수 있다고 보니? 성경에는 예수님의 부활하신 '몸'이 예전의 '육체'가 아니라는 사실을 보여주는 대목이 너무나도 많이 있단다. 만일 예수님의 부활하신 몸이 예전의 육체 그대로였다면 엠마오로 가던 두 제자나 막달라 마리아가 어째서 첫눈에 알아보지 못했겠니? 불과 사흘 전에 보던 그 얼굴이었을 텐데. 오히려 그 '몸'은 문 닫힌 방에도 자유롭게 드나들고 알아볼 수 있는 눈이 열리지 않으면 코앞에서도 알아보지 못하고, 예수님을 믿고 따르던 자들만이 알아볼 수 있는 그런 신비스런 몸이었어. 그래서 바울 선생님은 '신령한 몸'이라는 단어를 쓰셨단다.

> 죽은 자의 부활도 그와 같으니 썩을 것으로 심고 썩지 아니할 것으로 다시 살아나며 욕된 것으로 심고 영광스러운 것으로 다시 살아나며 약한 것으로 심고 강한 것으로 다시 살아나며 육의 몸(natural body)으로 심고 신령한 몸(spiritual body)으로 다시 살아나니 육의 몸이 있은즉 또 영의 몸도 있느니라(고린도전서 15:42~44)

"몸의 부활을 믿는다"는 기독교의 신앙고백(사도신경)은 썩을 육체(肉體)가 영원한 영체(靈體)로 다시 살아난다는 뜻이지 육체가 다시 육체로 살아난다는 뜻은 아니야. 그걸 얘기했다고 해서 교리를 부정한 범죄자라고 야단이니 참 기가 막히는구나.

성경에 육체가 다시 육체로 살아난 경우를 기록해둔 대목이 있기는 있어. 죽었던 나사로가 죽은 지 나흘 만에 다시 살아났지. 그러나 그렇게 살아난 나사로는 얼마 더 살다가 다시 죽고 말았거든. 예수님의 부활이 그런 식의 부활이 아니라는 것은 더 말할 필요도 없지 않겠니?

오늘은 이만 하자. 그러고 보니 오늘도 교회에 대한 이야기는 시작만 하다 말았구나? 잘들 가거라. 또 만나자.

여섯 번째 강의
언제나 열려 있는 구원의 문

거머리를 발견한 학생이 울음을 터뜨리니까 선생님이 달려오셨다고 했지? 이스라엘 백성이 애굽에서 고통을 견디지 못하고 울부짖으니까 하나님이 '내려오시지' 않았어? 이렇게 해서 '구원'은 시작되는 거야.

⚜

　　잘들 있었니? 어서 오너라. 기림이는 그렇잖아도 살갗이 검은 편인데 오늘은 더 가무잡잡하구나? 학교에서 모내기를 했다고?

　―예. 그런데 무척 재미있었어요.

　힘들지는 않고?

　―힘도 들긴 했지만 처음으로 논바닥에 들어가 보니까 몽실몽실 부드럽고 따뜻한 흙이 아주 기분 좋았어요.

　그랬을 게다. 아버지도 논에 들어가본 적이 있어서 네 기분이 어땠는지 짐작이 된다. 그래, 거머리한테 물리지는 않았니?

　―다른 아이들은 물리기도 했는데 나는 다행히 안 물렸어요.

　한번 물려봤더라면 좋았을 뻔했구나.

　―왜요?

나도 모르게 살갗을 뚫고 들어와 피를 빨아먹고 있는 거머리를 발견하고 잘 빠지지도 않는 놈을 고무줄처럼 당길 때 그 야릇한 기분은 말로 설명할 수 없지. 그 기분을 너도 맛보았더라면 좋았겠다는 말이야. 당기고 비비고 해서 마침내 거머리가 쑥 빠졌을 때, 상처에서는 피가 나기도 하고 약간 뻐근하기도 하지만 얼마나 시원한지, 겪어보지 않고서야 그걸 어떻게 알겠니?

―어떤 아이는 막 울었어요. 거머리가 자기 발에 붙어 있는 걸 보구요.

거머리는 소리도 없이 느낌도 없이 살갗을 파고들기 때문에 대개의 경우 그놈을 발견했을 때에는 이미 살 속에 머리를 깊이 박고 있는 상태란다. 그걸 처음 보았으니 담이 약하면 울기도 하겠지. 그래, 울기만 했어? 너희들은 그 아이가 우는 걸 보고만 있었느냐 말이다.

―우는 소리를 듣고 선생님이 달려와서 거머리를 떼어냈어요.

거머리를 발견하고 막 우니까 누군가 달려와서 거머리를 떼어냈다? 기독교에서 말하는 '구원'이라는 게 그와 비슷한 것이지. 잘됐다. 오늘은 그럼 '구원'에 대하여 얘기해보도록 하자.

―어저께부터 '교회'에 대해서 얘기하자고 하셨잖아요?

그랬지. 그런데 가만 생각해보니 지난 시간에 "교회 밖에도 구원이 있다"는 말을 가지고 얘기했는데 그 '구원'이라는 게 뭔지, 어떻게 받는 것인지, 그것부터 얘기하는 게 교회를 이해하는 데 도움이 될 것 같구나. 그러잖아도 오늘은 구원을 주제로 삼아 너희와 함께 생각해보려고 했는데 마침 거머리 얘기가 나오는 바람에 잘됐다 싶어서 '구원'이란 말을 꺼내게 된 거야.

─좋아요. 우리야 뭐, 듣는 쪽이니까. 아버지 맘대로 아녜요?

슬기 너 무슨 불만이 있니? 어째, 말이 좀 비비 꼬인 것 같다?

─아니, 아녜요. 그냥 해본 소리예요.

그냥 해본 소리라니? 말이란 그렇게 나오는 대로 헤프게 하는 게 아니야. 아버지 맘대로라고? 슬기야, 그건 절대 그렇지 않아. 그럴 수도 없고. 듣는 너희들이 없다면 말하는 내가 어떻게 있니? 말이란 하는 쪽과 듣는 쪽이 반드시 함께 하도록 돼 있어. 정말 아버지 맘대로 얘기했다면 그건 '신학 강의'도 아니고 성경 이야기도 아니고 그냥 아까운 시간만 쓸데없이 허비한 것이야. 그동안 우리가 이런저런 얘기를 나누었는데, 물론 너희는 주로 들었고 내가 말을 많이 했지만, 정확하게 말하자면 아버지가 너희와 함께 누군가의 말을 들은 것이라고 해야 옳아. 무슨 말인지 알겠니? 그래서 첫날 첫머리에 아버지가 "우리 모두 그분의 말씀을 듣자"고 하지 않았어?

─알았어요, 아버지. 다음부터는 말을 아무렇게나 하지 않을게요.

그래도 틀림없이 또 실수할 게다. 아버지는 나이 오십이 되도록 얼마나 여러 번 그런 각오를 하고 또 했는지 몰라. 그런데도 여전하단다. 아무리 부전자전이라곤 해도 네가 그런 걸 닮으면 곤란해.

─그만 해요, 아버지. 언니 울겠어요.

울음소리, 부르는 소리

　　　　　　　　　울긴, 그만한 일로 울어? 울려면 거머리 붙은 학생이 터뜨린 그런 울음을 울어야 하는 거야.

　_왜요?

　울지 않았더라면 계속 거머리한테 피를 빨렸을 것 아니냐? 그 학생에게는 '구원'이 울음으로부터 시작된 거야. 그 학생뿐만 아니지. 구약 성경에서 가장 큰 사건은 이스라엘 백성이 애굽에서 종살이를 하다가, 종살이가 뭐니? 피를 빨리는 것 아니냐? 종살이를 하다가 그곳을 빠져나온 탈출 사건인데 흔히 '출애굽 사건(the Exodus)'이라고 하지. 그 사건이 바로 이스라엘 백성의 울음에서 비롯되었거든. 성경을 읽어보자. 출애굽기 2장 23절에서 25절까지를 슬기가 읽어보겠니?

　_여러 해 후에 애굽 왕은 죽었고 이스라엘 자손은 고된 노동으로 말미암아 탄식하며 부르짖으니 그 고된 노동으로 말미암아 부르짖는 소리가 하나님께 상달된지라 하나님이 그들의 고통 소리를 들으시고 하나님이 아브라함과 이삭과 야곱에게 세운 그의 언약을 기억하사 하나님이 이스라엘 자손을 돌보셨고 하나님이 그들을 기억하셨더라

　됐어. 그 유명한 '출애굽 사건'이 이렇게 이스라엘 백성이 애굽에서 신음하고 울부짖는 것으로 시작되었단다. 이어서 읽어보면 모세가 호렙산에서 불붙은 떨기나무를 보고 여호와 하나님을 만나뵙는 대목이 나오는데, 하나님이 모세를 부르신 다음 뭐라고 말씀하시는지 함께 읽어보도록 하자. 3장 7절부터 10절까지를 이번에는 소리가 읽어보겠니?

─여호와께서 이르시되 내가 애굽에 있는 내 백성의 고통을 분명히 보고 그들이 그들의 감독자로 말미암아 부르짖음을 듣고 그 근심을 알고 내가 내려가서 그들을 애굽인의 손에서 건져내고 그들을 그 땅에서 인도하여 아름답고 광대한 땅, 젖과 꿀이 흐르는 땅 곧 가나안 족속, 헷 족속, 아모리 족속, 브리스 족속, 히위 족속, 여부스 족속의 지방에 데려가려 하노라 이제 가라 이스라엘 자손의 부르짖음이 내게 달하고 애굽 사람이 그들을 괴롭히는 학대도 내가 보았으니 이제 내가 너를 바로에게 보내어 너에게 내 백성 이스라엘 자손을 애굽에서 인도하여 내게 하리라

거머리를 (뒤늦게) 발견한 학생이 울음을 터뜨리니까 선생님이 달려오셨다고 했지? 이스라엘 백성이 애굽에서 고통을 견디지 못하고 울부짖으니까 하나님이 '내려오시지' 않았어? 이렇게 해서 '구원'은 시작되는 거야.

만일 그 학생이 거머리에 물리지 않았다고 하자. 그러면 울지도 않았겠지?

─예.

따라서 선생님이 달려와 돌봐주시지도 않았을 게고. 그렇지?

─맞아요.

먼저 구원받아야 할 대상이 있어야 '구원'이 이루어지는 법이야. 죄를 지어야 용서든 벌이든 받지, 안 그래? 병든 사람이 있어야 치료를 하지.

그래서 사람을 구원하러 오신 예수님은 이렇게 말씀하셨단다.

건강한 자에게는 의사가 쓸 데 없고 병든 자에게라야 쓸 데 있나니 내가 의인을 부르러 온 것이 아니요 죄인을 불러 회개시키러 왔노라(누가복음

5:31~32)

병자 아닌 사람은 없건만

오해하지 마라. 예수님이 이렇게 말씀하신 것은 세상에 건강한 사람, 그러니까 의인(義人)이 있다는 말씀은 아니란다. 사실은 아담의 후예인 모든 인간이 죄인이요, 병들어 죽어가는 사람인데 자기가 죄인이라는 사실을 모르고 자기가 병들었다는 사실을 모르는 사람이 있어서 스스로 자기는 건강하다고, 의인이라고 생각할 뿐인 게야.

예수님이 '내가 의인을 부르러 온' 게 아니라고 하셨을 때 그 '의인'이란 자기가 죄인임을 모르는 진짜 불쌍한 죄인을 가리킨다고 봐야 해. 당시에 대표적인 '의인'이 바로 서기관이나 바리새인들이었지. 그들은 스스로 하나님 앞에서 거리낄 것이 없다고 생각했단다. 바울 사도도 바로 그런 사람이었어. 자신이 '조금도 흠이 없는' 사람이라고 생각했지. 그의 말을 직접 들어보렴.

> 나는 팔일 만에 할례를 받고 이스라엘 족속이요 베냐민 지파요 히브리인 중의 히브리인이요 율법으로는 바리새인이요 열심으로는 교회를 박해하고 율법의 의로는 흠이 없는 자라 그러나……(빌립보서 3:5~6)

그러나 예수님을 만나 감겼던 눈을 떠보니 자기가 얼마나 많이 병들어 있는지 알게 된 거야. 그러자 과거에는 자랑스럽던 모든 것들이 똥처럼 더럽게 보이고 구원받는 데 오히려 장애물로 여겨지더라는 것 아니냐?

깨달은 바울 사도는 세상에 의인이란 없다고, 단 한 사람도 없다고 구약의 시편을 인용하면서 이렇게 말했지.

> 그러면 어떠하냐 우리는 나으냐 결코 아니라 유대인이나 헬라인이나 다 죄 아래에 있다고 우리가 이미 선언하였느니라 기록된 바 의인은 없나니 하나도 없으며 깨닫는 자도 없고 하나님을 찾는 자도 없고 다 치우쳐 함께 무익하게 되고 선을 행하는 자는 없나니 하나도 없도다 그들의 목구멍은 열린 무덤이요 그 혀로는 속임을 일삼으며 그 입술에는 독사의 독이 있고 그 입에는 저주와 악독이 가득하고 그 발은 피 흘리는 데 빠른지라 파멸과 고생이 그 길에 있어 평강의 길을 알지 못하였고 그들의 눈 앞에 하나님을 두려워함이 없느니라 함과 같으니라(로마서 3:9~18)

여기서 말하는 '그들'이 누구겠니?

_세상 모든 사람인가요?

그래. 예수님을 만나서 눈을 뜨고 마침내 자신이 죄인이요 병든 자임을 깨닫게 되기 전까지는 모든 사람이 '그들'이지.

'구원'이란 문득 눈을 떠서 자기가 거머리에게 피를 빨리고 있다는 사실을 깨닫고 울음을 터뜨릴 때('울음'이란 본능적으로 누구를 부르는 소리란다), 그때부터 시작되는 것이지만 문제는 많은 사람이 눈이 있어도 보지 못하고 감각이 있어도 느끼지 못하여 자신이 죄라는 거머리한테 피를 빨리고 있음을 깨닫지 못한다는 데 있구나. 예수님이 세상에 오셔서 하신 일이 "보지 못하는 자는 보게 하고 보는 자들은 맹인이 되게 하려 함"(요한복음 9:39)이라는 말씀이 무슨 뜻이겠니? 이 말씀도 오해하지 말아라. 세상에 '보는 자'가 있다는 말씀이 아니라 스스로 본다고 생각하는 사람을 가리켜 '보는 자'라고 하신 거야. 그런 사람 가운데 대표 격이 바울 아니냐? 그는 예수님을 만나는 순간 눈이 멀었어.(사도행전 9:8) 눈이 멀었다가 다시 떠지자 비로소 자신과 세상의 참모습을 보게 되었다는 거 아니냐?

베드로 사도 역시 예수님을 처음 만나는 순간 자기가 죄인임을 깨달았지. 밤새도록 허탕만 치다가 예수님 말씀대로 그물을 깊은 데 던져 어마어마하게 고기를 잡게 되자 예수님 발 앞에 엎드려 "주여 나를 떠나소서 나는 죄인이로소이다" 하고 말했잖아?(누가복음 5:7~8) 눈을 떠서 자기의 정체를 본 거야. 그러나 예수님은 떠나기는커녕 오히려 베드로를 제자로 삼으시며 "무서워하지 말라 이제 후로는 네가 사람을 취하리라" 하고 말씀하셨어. 바로 그것이 '구원'이란다. 예수님을 만나 자신이 죄인이요 병든 자임을 깨닫고 돌이켜 '새 사람'이 되는 것! 성경은 그렇게 구원받은 사람들 이야기로 가득 차 있구나.

그런데 자기 피를 거머리가 빨아 먹고 있는데도 그걸 모르고 태연하게 있으면 거머리를 떼어줄 선생님이 달려오실 수 없겠지? 혹시 옆에 있는 친구가 보고 일러줘서 선생님이 오셨다 해도 만일 그 학생이, "아녀요, 선생님. 거머리한테 물리지 않았어요. 내 일은 내가 알아서 할 테니 상관 마세요" 하고 말한다면 어떻게 될까?

―할 수 없지요, 뭐.

_아냐, 억지로라도 거머리를 떼어줄 수 있잖아?

그래, 논바닥에서 거머리 떼어주는 건 그렇게 억지로라도 해줄 수 있겠지. 그러나 죄인을 구원하는 일에서 만큼은, 아무리 하나님이시라 해도, 본인이 문을 열지 않는 한 들어오실 수 없단다. 사람이 죄를 지을 때도 그냥 바라보실 수밖에 없던 하나님(어째서 아담이 선악과를 딸 때 하나님이 말리시지 않았겠니?)은 마찬가지로 사람이 울부짖으며 살려달라고 하기 전까지는 구원의 손길을 펴실 수 없는 거야. 정확한 표현은 아니다만, 일단 이 정도로 말해두자.

_정확한 표현이라면 어떤 건데요?

글쎄, 말로 하기가 어렵긴 하다만, 굳이 말한다면, 하나님은 언제 어디서나 구원의 손길을 펴고 계시는데 사람이 스스로 구원받아야 할 상태에 있음을 깨닫고 손을 내밀기 전에는(울부짖기 전에는) 하나님의 손길이 없는 거나 마찬가지라고 할까? 이 방 안에 온갖 방송국에서 보내는 전파가 가득 차 있지만 라디오로 주파수를 맞추어 음파로 바꾸기 전에는 아무 소리도 들리지 않는 것과 비슷한 얘기야. 그러기에 '구원'은 하나님이 주시는 것이지만 하나님 혼자서만 이룰 수 있는 것도 아니란다. 거듭 말하지만 죄수가 있어야 석방을 하고 병자가 있어야 치료를 하지. 그렇잖니? 따라서 '구원'은 하나님과 인간의 합작(?)으로 이루어지는 것이라고 말할 수 있겠구나. 그러나 누가 주인이요 누가 손님인지는 분명하지. 누가 주인이겠니?

_하나님이요.

옳아. 구원이란 하나님이 '주시는' 것이야. 사람은 구원을 '받는' 쪽이고. 다만 하나님은 구원을 주시기 전에 사람으로 하여금 받을 준비를 하게 하신단다. 자기가 죄인이요 죽어가는 병자임을 알고 울부짖게 하시는 거야.

　―아예 처음부터 애굽에 가서 종살이를 하지 않게 하셨으면 더 좋을 것 아녀요? 하나님은 전지전능하시다면서…….

　선악과는 왜 만들어가지고 사람만 고생하게 하느냐는 질문하고 똑같은 질문을 하는구나? 그럴 것 없이 아예 천지창조고 뭐고 아무것도 하지 않았으면 더 깨끗할 것 아니겠니? 그런 생각은 우리가 당면한 문제를 푸는 데 눈곱만치도 도움이 되지 않고 오히려 방해만 되는 아주 유치하고 해로운 생각이란다. 빨리 버릴수록 좋아. 집에 불이 났는데 불 끌 생각은 않고 왜 여기에다가 집을 지어서 이런 난리냐고 투덜거리는 것과 똑같은 짓이니까.

구원의 과정

　자, 그러면 우리 함께 '구원'이 어떤 순서와 과정을 거쳐 어떻게 이루어지는지, 기림이네 반 학생의 '거머리 사건'을 예로 들어 생각해보기로 하자.

　첫째, 거머리가 학생의 종아리를 파고들어 피를 빨아 먹는다.

　둘째, 뒤늦게 자기의 피를 거머리가 빨아 먹고 있다는 사실을 발견한다.

　셋째, 놀라서 또는 겁이 나서 운다.

넷째, 선생님이 달려온다.

다섯째, 선생님께 종아리를 맡긴다. 선생님이 해결해주실 줄 믿는다.

여섯째, 선생님이 거머리를 떼어주고 "이젠 괜찮다. 어서 밖으로 나가거라. 여기는 거머리가 우글거리는 곳이니까" 하고 말씀하신다.

일곱째, 논에서 나온다. 다시는 거머리가 덤벼들지 못한다.

대충 이렇게 일곱 과정을 거친다고 볼 수 있겠지?

―예. 그렇지만 논에서 나와버리는 건 곤란하잖아요?

그럼 여섯째와 일곱째 과정을 이렇게 바꾸기로 하자.

여섯째, 선생님이 거머리를 떼어주고 "이젠 괜찮다. 그래도 또 거머리가 덤빌는지 모르니 이 장화를 신도록 하여라. 그러면 다시는 거머리가 네 종아리를 파고들지 못할 게다. 모내기가 끝나면 장화를 벗어" 하고 말씀하신다.

일곱째, 장화를 신고 모내기를 계속한다. 거머리가 아무리 많아도 겁나지 않는다. 모내기를 모두 끝내고 밖으로 나와 장화를 벗는다. 할 일을 무사히 마치니 기분이 좋고 기분이 좋으니 밥맛도 좋아서 밥을 두 그릇이나 먹는다.

어때? 이러면 되겠지?

―예, 좋아요.

그럼 다시 첫째 과정부터 검토하면서, 성경에 기록된 '구원받은 사람'의 경험과 비교해보기로 하자. 누구를 예로 들어볼까?

―아까 말씀하신 이스라엘 백성이 어때요?

좋지.

__신약에서도 한 사람 생각해봐요.

누가 좋겠니?

__내 생각에는 키 작은 삭개오가 좋을 것 같아요.

좋아, 그 사람 얘기는 워낙 잘 알려져 있으니까. 자, 그럼 시작해볼까?

'거머리'의 정체를 밝혀라

첫째 과정, 거머리가 종아리를 파고들어 피를 빨아 먹는다. 이스라엘 백성에게는 무엇이 '거머리'일까?

__애굽 사람들이지요.

얼핏 생각하면 그럴듯한 말이다만 곰곰 따져보면 좀 다르게 얘기해야 할 게다. 한번 생각해봐.

__애굽 사람 모두가 그런 건 아니겠고, 바로와 그의 측근들 아닐까요?

슬기가 대학생답게 머리를 굴렸구나? 막연하게 애굽 사람들이라 하는 것보다는 훨씬 진실에 가까운 대답이라는 느낌이다. 그러나 이스라엘 백성의 피를 빨아먹은 '거머리'를 그냥 바로와 그의 부하들 몇몇이라고만 하기에는 석연찮은 구석이 있지 않니? 예를 들어 세계대전을 일으켜 수백 만 인명을 죽게 한 '거머리'를 히틀러와 그의 몇몇 부하들이라고만 할 수는 없지 않을까?

__맞아요.

그러면 누굴까? 아니, 무엇일까? 이스라엘 백성의 피를 빨아 먹은 '거머리'의 정체가?

＿노예제도?

맞았어. 그것도 '거머리'에 속한다고 볼 수 있겠지. 그런 잘못된 제도로 말미암아 사람이 사람의 피를 빨아 먹는 어처구니없는 일이 생기는 것이니까. 그럼 노예제도만 없어지면 '거머리'는 저절로 사라지는 걸까?

＿아니지요. 지금은 세계 어느 나라에도 노예제도라는 게 없지만 그래도 사람이 사람을 착취하는 일은 계속되고 있으니까요.

그래, 노예제도라는 잘못된 '제도'가 없어졌다 해서 '노예'가 없어진 건 아니야. 그럼 도대체 누가 거머리일까?

＿사람이지요, 뭐. 제도가 그랬든 바로와 그 부하들이 그랬든 결국은 사람이 사람을 못살게 구는 것 아녀요?

소리가 제법 기특한 생각을 해냈구나! 맞았어. 사람이야! 사람이 사람을 못살게 굴고 억누르고 나중에는 죽이기까지 하는 거야. 만일 지금이라도 지구상에서 '사람'이 없어진다면 독재라든가 민주화라든가 독립운동이라든가 하다못해 '공해병' 따위까지 모두 사라지겠지? 온 세상이 평화로운 낙원으로 순식간에 바뀌고 말게야. 그래, 사람에 대한 모든 '문제'의 뿌리는 다름 아닌 바로 사람이란다. 그렇다면 어떤 사람이 어떤 사람을 괴롭히는 걸까?

＿하나님을 모르는 사람이 하나님을 아는 사람을 괴롭히는 거 아닐까요?

점점 신통한 소리를 하는구나! 고맙다. 바로 그거야. 하나님을 안다는 것은 다른 말로 해서 사람이 무엇이며 어떻게 살아야 하는 건지 안다는 말이란다. 그래서 "신학(神學)은 곧 인간학(人間學)이다"라고 말한 신학자도 있지. 사람으로 태어났지만 사람됨이 어떤 건지, 어떻게 살아야 사람답게 사는 건지, 그 '길〔道〕'을 깨닫지 못한 사람이 결국 그 시대의 '거머리'가 되는 것 아니겠니? 바로라는 이름은 그런 사람들의 대명사쯤 되겠지. 히틀러도 마찬가지야. 독재자 아무개를 암살한다고 해서 '독재'가 사라지는 건 아니거든. 국민이 6월 항쟁을 일으켜 전두환 전 대통령을 백담사로 쫓아버렸는데 그러고 나니까 사람을 괴롭히는 '거머리'가 모두 사라졌던가? 아니지, 아니고말고. 그렇게 몇몇 사람과 제도 따위를 바꾸거나 치워버린다고 해서 '거머리'가 사라지는 건 아니거든.

불교에서는 그래서 모든 괴로움〔苦〕의 뿌리를 '어리석음〔無明〕'으로 본단다. 여기서 어리석음이란 눈이 어두워서 또는 감겨 있어서 사물의 이치를 밝히 보지 못하는 것을 뜻해. 그러니, 이스라엘 백성을 괴롭힌 '거머리'는 애굽의 바로와 그 부하들만이 아니라 사실은 이스라엘 백성들 자신에게도 있었다고 봐야 하지 않겠니? 어떻게 살아야 사람답게, 그 누구의 종살이도 하지 않고 자유인으로서 살아야 하는지를 모르고 있었으니까. 출애굽기를 읽어보면 홍해 바다에서 완전히 애굽 군대와 헤어지고 난 다음에도 여전히 그들의 행진을 가로막는 '거머리'들이 있었음을 발견하게 되지. 모세를 괴롭힌 가장 큰 거머리가 누구였는지 아니? 노예로 살더라도 옛날 배부르게 먹던 애굽 시절로 돌아가자는 이스라엘 백성들, 바로 그들이었어. 이제 '거머리'의 정체가 뭔지 알 것 같니?

─감이 잡힐 듯하면서도 뭔가 분명하게 오지는 않아요. 그냥 애굽 사람들이 거머리라고 하면 쉽겠는데…….

머리로만 생각하기에는 그게 쉽겠지만, 현실은 그렇게 간단한 형식논

리만으로 이루어지는 게 아니란다. '거머리'의 정체가 그렇게 겉으로 드러나 쉽게 보인다면 얼마나 좋겠니? 그러나 밀과 가라지는 보이지 않는 땅 속에 뿌리가 얽혀 있어서 쉽사리 가려 뽑을 수가 없는 법이야.

__그럼 우리는 어떻게 해야 하는 거예요? 우리가 그 누군가의 '거머리'일 수도 있잖아요?

그 누군가의 거머리가 되기 전에 우리 자신의 거머리일 수도 있지. 그래서 바울 사도는 '죄(罪, sin)'라는 말을 사용하여 '거머리'의 존재를 설명하려고 했단다. 죄란 어떤 특정한 인간의 것만이 아니라 이 땅에 사는 모든 인간의 것이거든. 자, 거머리의 정체에 대해서는 앞으로 더 생각해 보기로 하고, 둘째 과정으로 넘어갈까?

__삭개오 얘기는 안 했잖아요?

아 참, 그랬구나? 삭개오의 경우에도 마찬가지 아니겠니? 그를 괴롭힌 것은 결국 로마인도, 유대인도, 자기 자신도 아니지. 특정한 인간이나 단체 또는 제도가 아니라 그런 인간이나 제도를 통해 사람을 사람답게 살 수 없도록 하는 어떤 보이지 않는 힘, 그것이 삭개오를 괴롭힌 '거머리' 아닐까? 이렇게 말하면 투쟁의 상대를 '관념화' 하는 것이라고 비난받을는지 모르겠다만, 사실은 그럴수록 '적'의 실체를 바로 보아야 하는 거야.

어떤 사람이 낫으로 살인을 했는데, '낫'이 사람을 죽였다고 한다면 말이 되냐? 진짜 적은 '독재자'가 아니라 '독재' 거든. 그렇다고 해서 독재자는 내버려두고 진짜 적인 '독재'와 싸우겠다고 할 수도 없는 일이야. 그것이야말로 관념 속으로 도망치는 비굴한 짓이지. 왜냐하면 독재자와 독재는 둘이 아니라 하나거든. 살인자와 낫도 마찬가지로 하나지. 따라서 살인자의 손에서 낫을 빼앗아 없애버리는 일, 그리고 살인자로 하여금 다시는 낫을 잡지 못하게 하는 일, 그것이 곧 '거머리'를 퇴치하는 일 아니겠어? 그렇지만 먼저 중요한 것은 살인자이지 그의 손에 들려 있는 '낫'이 아니라는 사실만은 기억해둬야 해. 그래서 바울 사도가 '우리의 싸울 상대는 보이지 않는 힘'이라고 하셨던 거야.

> 우리의 씨름은 혈과 육을 상대하는 것이 아니요 통치자들과 권세들과 이 어둠의 세상 주관자들과 하늘에 있는 악의 영들을 상대함이라(에베소서 6:12)

그것들이 바로 이스라엘 백성과 삭개오를 괴롭힌 '거머리'였어.
그럼 이제 둘째 과정으로 넘어가자. 괜찮겠지?
— 예.

울부짖음, 열리는 구원의 문

둘째 과정, 거머리가 피를 빨아 먹고 있다는 사실을 (뒤늦게) 발견한다. 이스라엘 백성이 울부짖은 것은 그들이 학대받고 있음을 스스로 깨달았기 때문이야. 이 '깨달음'이 아주 중요해. 자신이 병들었음을 알면 그때부터 치료가 시작되지만, 죽을 때까지 자기가 병들었음을 모르는 수가 있거든. 아까도 말했지만 사람은 모두 병이 들어 있단다. 병자 아닌 사람이 없고 죄인 아닌 사람이 없어. 그러나 자신이 병든 죄인임을 깨닫는 사람은 흔치 않구나. 눈이 멀고 감각이 마비되어서 그래. 자기가 죄를 지으면서도 지금 죄짓고 있다는 사실을 까맣게 모르는 거지. 자기가 지금 병들어 있다는 사실을 깨닫는 것, 지금 자기의 피를 죄라는 거머리가 빨아 먹고 있어서 그냥 두면 죽을 수밖에 없다는 사실을 깨닫는 것, 그것을 일컬어 '자기 발견'이라고 할 수 있을 게다. 삭개오도 지금 자기 생명이 무엇인지 알 수 없는 것에 짓눌리고 착취당해서 죽어가고 있음을 문득 깨달았던 거야. 그 결과, 예수님을 만나려는 마음으로 뽕나무를 기어오르게 된 거지. 그러니까 두 번째 과정과 세 번째 과정은 동시에 이루어진다고 봐야 해. 자신의 처지를 발견했을 때 인간은 가만히 있을 수 없지. 이스라엘 백성처럼 울부짖거나 삭개오처럼 체면이고 뭐고 생각할 사이 없이 자기를 구원해줄 이에게 달려가든지(뽕나무에 올라간 것은 예수님께 달려간 것과 마찬가지야).

물론 그 학생이 울지 않고 자기 손으로 거머리를 떼어낼 수도 있었겠지. 그렇게 하라고 가르치는 게 다름 아닌 불교란다. 그 누구의 힘도 빌리지 말고 스스로 '거머리'를 떼어내라는 거야. 그러나 기독교는 하나님(구원자)을 향해 부르짖으라고 가르치지. 이 점에서 두 종교가 다르지만, 어느 쪽이 옳고 어느 쪽이 그르다고는 할 수 없어. '거머리'를 떼어내자는 목적은 같으니까. 불교인들이 자기네 방식으로 문제를 해결하겠다는데 그걸 말릴 이유는 없지 않겠니? 그리고 알고 보면 둘이 전혀 다른 것만도 아니거든. 기독교인이 말하는 하나님이 사실은 처음부터 자기 안에 계시는 진짜 '자기'니까. 이 문제는 자칫 '논쟁'으로 바뀔 수도 있으니까 이 정도로 하고 우리 애기를 계속하기로 하자(바울도 쓸데없는 논쟁은 삼가라고 하셨어).

셋째 과정은 놀라서 또는 겁이 나서 운다고 했는데, 울음이란 아까도 말했지만 본능적으로 누군가를 부르는 것이야. 하루는 예수님이 예루살렘으로 가시는 길에 어떤 마을에 들렀는데 마을 어귀에 있던 나병환자 열 사람이 "예수 선생님이여 우리를 불쌍히 여기소서" 하고 크게 소리를 질렀어. 그래서 결국 그들은 병이 나았지.(누가복음 17:11~14) 구원을 받은 거야. 사람이 눈물을 흘린다는 것은 참 귀중한 일이란다. 요즘 사람들은 눈물이 없더구나. 너무 메말라서 눈물이 바닥나버렸어. 함정에 빠졌어도 자기 힘으로 나올 수 있다면 울 필요가 없겠지. 사람이 울부짖는 것은 이미 자기 힘으로는 어떻게도 할 수 없음을 알았기 때문이야. 그런 것을 절망이라고 하지. 바로 그 절망에서 구원의 빛이 문득 환하게 쏟아지는 것이란다.

백척간두진일보(百尺竿頭進一步)라는 말이 있어. 백 척이나 되는 장대 끝에 서 있다가 허공으로 한 발 내딛는다는 뜻이지. 더는 갈 곳이 없는 마지막 절망 상태에서 한 발 성큼 내딛는 것, 구원의 손길에 자기를 내어 맡기는 행위, 그것을 믿음이라고 할까? 그래서 "의인은 믿음으로 산다"는 말이 있는 걸 게다. 여기서 한 가지 반드시 기억할 게 있어. 무엇이냐 하면, 하나님은 이렇게 마지막 절망 상태에서 울부짖는 소리를 결코 외면하지 않으신다는 사실이야. 성경은 바로 그런 하나님의 모습을 갈피갈피마다 보여준단다.

하늘에서 내려오시는 하나님

　　　　　　　　🕮 이제 넷째 과정과 다섯째 과정을 생각해보기로 하자. 선생님이 달려오시고 학생은 선생님께 종아리를 맡긴다고 했어. 여태까지의 과정이 구원을 위한 준비 작업이었다면 이제 본격적으로 구원 행위가 이루어지는 거야. 이스라엘 백성이 울부짖자 하나님이 인간의 역사에 개입하셨어. 그러나 인간 쪽에서 보면 '개입'이란 말을 써도 되겠지만, 하나님 쪽에서는 '개입'이 아니라 당신이 하실 일을 하신 것이지. '개입'이라고 하면 그동안 밖에 있었다는 뜻이니까. 사실 하나님은 단 한순간도 우리의 삶 '바깥'에 계신 적이 없거든. 선생님이 달려오신 것은 선생님이 마땅히 할 일을 하신 것 아니겠니?

　__그렇지요.

　'구원'이란 하나님과 인간의 합작품이라는 말을 아까 한 것 같은데, 그 뜻이 좀 이해가 되니? 하나님이 인간의 요청에 마지못해서 응하시는 게 아니라 마치 기다렸다는 듯이 달려오시는 거야. 당신을 부르기를 눈 빠지게 기다리고 있었다는 듯이 말이다.

　탕자 이야기에 나오는 아버지가 하나님의 그런 모습을 잘 보여주지 않니? 당신을 떠났던 둘째아들이 겨우 정신을 차리고 다시 '아버지의 집'으로 돌아올 때(아버지를 부를 때), 그는 버선발로 뛰쳐나가 아들을 껴안고 기뻐했지. 그렇지만 아버지가 도시로 나간 아들을 찾아가서 억지로 끌고 오지 않았다는 사실을 눈여겨볼 필요가 있어. 아들이 울면서 돌아설 때까지, 하나님은 구원이라는 문을 열어주실 수가 없는 거야. 아니, 정확하게 말하면, 하나님은 처음부터 구원의 문을 활짝 열어놓으셨지만 아들이 울면서 돌아올 때까지, 삭개오가 예수님을 뵙고자 뽕나무에 기어오르고 이스라엘 백성이 울부짖으며 호소하기 전까지, 그 문은 열려 있으면서도 여전히 열려 있지 않았던 거야.

인간을 구원하기 위하여 하늘에서 내려오신 하나님, 그가 누구지?

―예수님이요.

옳아. 거머리 때문에 울던 아이가 선생님한테 자기 종아리를 내어 맡기듯, 자신의 힘으로 해결할 수 없는 모든 문제를 예수님께 내어 맡길 때 구원은 마침내 이루어지는구나.

자, 이제 거머리는 떨어졌고 '구원'의 뒷마무리가 남았지? 여섯째 과정을 살펴보자.

―거머리가 어떻게 떨어졌는지, 그것도 알아봐야 하잖아요? 그냥 예수님이 떼어내신다고 한마디로 넘어가기에는 아무래도…….

그래, 슬기가 또 좋은 점을 지적했구나. 이스라엘 백성을 괴롭히던 바로와 그 군대는 홍해 바다에 모조리 익사하고 말았지. 그러나 그건 어디까지나 상징이란다. 그것으로 정말 거머리의 대명사라 할 '바로'가 없어진 건 아니거든. 오히려 이스라엘 백성이 가나안에 이르기까지 그 '거머리'는 계속 함께 있었고(애굽으로 돌아가자는 무리) 가나안에 정착한 뒤로도 사람을 괴롭히는 사람(바로)은 이름만 바꿔가지고 언제나 그들과 함께 그들 속에 있었어. 그러기에 '출애굽(Exodus)'은 지금도 진행 중이라고 말할 수 있지. '구원'이란 따라서 아직 완성된 게 아니란다. 지금도 하나님의 구원 사업은 진행되고 있는 거야. '거머리'가 떨어지면 사람이 바뀌게 되어 있어. 아니, 사실은 사람이 바뀌는 것, 그것이 바로 거머리가 떨어지는 것이라고 해야겠구나. 이제까지는 돈만 알고, 돈만 모으면 살아갈 수 있다고 생각하던 세리장 삭개오가 예수님을 만나자 문득 생각을 바꾸어 돈을 버리고 가난한 이웃을 얻는 것, 그게 바로 거머리가 떨어져나가는 모습이자 과정 아니겠니? 누구든지 예수님을 바로 만나기만 하면 곧장 새사람이 되고 말지. 여기에는 예외라는 게 없어. 성경을 잘 읽어보렴. 예수님 곁을 스쳐 지나간 사람 말고, 예수님과 진실한 '만남'을 경험한 사람으로서 '옛 사람'을 벗어버리고 '새 사람'을 입지 않은 사람이 하나라도 있는지.

진행 중인 '구원'

자, 이렇게 '거머리'로부터 자유롭게 된 사람은 이제 어떻게 할까?

마지막으로 여섯 번째 과정과 일곱 번째 과정을 함께 생각해볼 시간이 되었구나. 바울 사도는 '새 사람'이 된 다음에 어떻게 해야 할는지, 이렇게 말했어.

> 그러므로 너희가 그리스도와 함께 다시 살리심을 받았으면 위의 것을 찾으라 거기는 그리스도께서 하나님 우편에 앉아 계시느니라 위의 것을 생각하고 땅의 것을 생각하지 말라(골로새서 3:1~2)

하늘 위에 있는 것들이란 무엇일까? 오해하지 말아라. 여기서 바울이 말하는 하늘이란 저 푸른 머리 위 공간(sky)이 아냐. 성경의 '하늘'이 무엇을 말하는지는 지난번 신학강의『예수의 삶과 길』에서 그림까지 그리며 설명해주었으니(206~210쪽) 길게 말하지 않겠다. 보이는 이 세상을 있게 하는 보이지 않는 세상, 육(body)에 대한 영(spirit)의 세계, 하나님의 법이 빈틈없이 이루어지는 곳⋯⋯. 우리가 어디에 있든 그곳에 이미 '하늘'은 있단다. 그리고 예수님이 하나님 우편에 계시다는 말은 하나님의 권한을 행하고 계시다는 그런 뜻으로 알면 돼.

세상 사람들(아직 옛 사람의 옷을 벗지 못한)이 돈과 명예와 권력 따위 당장은 영원할 것처럼 보이지만 반드시 사라지고 마는 것에 눈길을 모으고 그런 것들을 자나깨나 추구할 때 그리스도를 만나 새 사람이 된 여러분은 사랑, 섬김, 정의 같은, 눈에 보이지는 않지만 영원히 사라지지 않는 것들을 바라보며 그것들을 추구하라는 그런 권면이지. 바울 선생님의 말씀을 더 들어보기로 하자.

> 그러므로 땅에 있는 지체를 죽이라 곧 음란과 부정과 사욕과 악한 정욕과 탐심이니 탐심은 우상 숭배니라 이것들로 말미암아 하나님의 진노가 임하느니라 너희도 전에 그 가운데 살 때에는 그 가운데서 행하였으나 이제는 너희가 이 모든 것을 벗어 버리라 곧 분함과 노여움과 악의와 비방과 너희 입의 부끄러운 말이라 너희가 서로 거짓말을 하지 말라 옛 사람과 그 행위를 벗어 버리고 새 사람을 입었으니 이는 자기를 창조하신 이의 형상을 따라 지식에까지 새롭게 하심을 입은 자니라 거기에는 헬라인이나 유대인이

나 할례파나 무할례파나 야만인이나 스구디아인이나 종이나 자유인이 차별이 있을 수 없나니 오직 그리스도는 만유시요 만유 안에 계시니라(골로새서 3:5~11)

길게 인용했다만, 요약하면, 한번 '새 사람'이 되었다고 해서 모두 끝난 게 아니니까 "끊임없이 새로워지면서 참된 지식을 가지라"는 얘기 아니겠니? '구원'이란 이미 그리스도에게서 완성되었지만 아직 우리에게는 미완성이요 진행형이라는 말이야. 하나님 나라가 '이미' 이루어진 것이며, '아직' 완성되지 않은 것과 마찬가지 이치란다. 왜 그러냐 하면, 모내기가 끝날 때까지(세상에서 우리가 할 일이 모두 끝나고 하나님께 목숨을 돌려드릴 그때까지)는 여전히 거머리가 우글거리는 논바닥에 있어야 하기 때문이지. 한번 거머리를 떼었다고 해서 두 번 다시 거머리가 덤벼들지 않는다고는 할 수 없거든. 그래서 바울 사도는 또 이렇게 말했어.

내가 그리스도와 그 부활의 권능과 그 고난에 참여함을 알고자 하여 그의 죽으심을 본받아 어떻게 해서든지 죽은 자 가운데서 부활에 이르려 하노니 내가 이미 얻었다 함도 아니요 온전히 이루어다 함도 아니라 오직 내가 그리스도 예수께 잡힌 바 된 그것을 잡으려고 달려가노라(빌립보서 3:10~12)

모내기가 끝날 때까지 장화를 신고 또는 끊임없이 거머리와 싸우며, 두 번 다시 거머리에게 피를 빨리는 일 없이 일을 계속하는 것, 그것이 기독교가 말하는 '구원'의 뜻이야. '구원'을 소리 높이 외쳐대는 어떤 이들이 "당신은 구원의 확신이 있는가? 없다면 그동안 예수 헛믿었고, 있으면 그것으로 모든 문제가 해결됐으니 더 이상 애쓸 필요 없다"는 식으로 얘기한다던데, 그게 사실이라면 큰 잘못을 저지르고 있다고 말하지 않을 수 없구나. 적어도 성경이 말해주는 '구원'이란 그런 게 아니야.

바울의 말씀을 자세히 들어보렴. "오직 내가 그리스도 예수께 잡힌 바 된 그것(구원의 완성)을 잡으려고 달려가노라." 이 말은 지금 붙들지 못했다는 뜻이 아니라 계속 달려가는 노력을 하지 않으면 언제든지 다시 놓칠 수 있다는 뜻으로 새겨야 할 게야. 그래서 요한 웨슬리 선생님은 이렇게 말씀하셨다더라. '완전한 그리스도인(a christian)'은 없다. '그리스도인으로 되어가는 그리스도인(a becoming christian)'이 있을 뿐이다. 그러나 그리스도께서 나를 붙잡으신 것은 이미 완료된 상태란다. 거기에는 부족함도 미완성도 없어. 그래서 바울은 "오직 내가 그리스도 예수께 '잡힌 바' 된"이라고 과거형을 사용했던 거야. '구원'이 하나님과 사람의 합작품이라면, 하나님 쪽에서는 모든 것이 완료되었으나 사람 쪽에서는 자칫 잘못하면 '도로아미타불'이 될 수가 있다는 사실을 분명히 알아야 해. 그래서 다시 바울 사도는 "두렵고 떨림으로 너희 구원을 이루라"(빌립보서 2:12) 하고 간절히 권면한 거야.

거듭 말해서 미안하다만, '구원'은 완성된 것이면서 아직 완성된 것이 아니야. 이 비결을 잘 깨달아 알기 바란다. 아무리 좋은 선물을 받았어도 그걸 창고에 처박아두거나 잃어버리면, 받았지만 받지 않은 것과 마찬가지 아니겠니?

그리스도는 이미 우리를 구원하셨어. 이제 남은 일은 세상 끝날까지 그 구원을 잘 지켜 마침내 완전히 우리 것으로 만드는 거야. 그 일에 필요한 것이 무엇보다도 '믿음'이라고 나는 생각한다. 바울은 바로 이 '믿음'을 가지고 마침내 달려갈 길을 다 달려 털끝만큼도 후회가 남지 않는 생애를 멋지게 살아갈 수 있었더구나. 그리고 그는 똑같은 일이 우리한테도 가능하다고 확신했지.

> 너희 안에서 착한 일을 시작하신 이가 그리스도 예수의 날까지 이루실 줄을 우리는 확신하노라(빌립보서 1:6)

오늘은 얘기가 많이 길어졌구나. 아무쪼록 하나님께서 예수 그리스도를 통하여 우리에게 주신 '구원'이라는 선물을 잃어버리거나 빼앗기지 않도록 날마다 두렵고 떨리는 마음으로 기도하며 우리에게 주어진 길을 걸어가자꾸나.

일곱 번째 강의

교회, 그리스도의 몸

깜짝 놀랄 만큼 많은 사람이 '교회 = 교회당'으로 착각하고 있더구나. 교회당은 교회의 집회 장소일 뿐이야. 교회란 그리스 말로 에클레시아(ekklēsia)인데 사람들의 '모임'이라는 뜻이란다.

❦

　　　자, 이제 벼르고 벼르던 '교회' 이야기를 해 볼까? 너희들, 교회라고 하면 맨 먼저 생각나는 게 뭐니?
　_십자가요.
　그래, 십자가는 교회의 상징이니까, 교회당치고 아마 십자가를 지붕에 높이 세우지 않은 교회당은 드물 게다. 그러나 그런 교회가 아주 없는 건 아니야. 독일에 가면 지금도 지붕 꼭대기에 십자가 대신 울고 있는 수탉을 조각해서 세운 교회당이 있다더라.
　_수탉이요?
　그래, 수탉.
　_수탉을 왜요?
　베드로에게 예수님 말씀을 생각나게 해준 게 수탉 아니냐?
　_아하, 그래서 수탉을 십자가 대신 세우는 거군요?

그리고 수탉은 새벽이 오는 걸 맨 먼저 알리는 짐승이거든. 그러니까 교회가 '새날'이 오는 소식을 세상에 알린다는 그런 뜻도 있겠지.

아무튼 십자가나 수탉이나 교회의 상징으로서는 흠잡을 데 없는 좋은 상징이란다. 상징이란 말은 무엇을 가리키는 표시라는 뜻이야. 그런데 상징과 상징이 가리키는 대상은 반드시 똑같은 게 아니라는 점이 중요해. 예를 들어, 오른손 주먹을 불끈 쥐고 어깨 위로 이렇게 치켜들면 무슨 뜻이겠니?

―힘이요.

―이겼다는 표시요.

그래, 그 비슷한 거지. 그러나 추켜올린 주먹, 이것이 곧 힘은 아니지? 승리도 아니고. 그런 뜻에서 십자가란 예수님의 삶과 죽음을 가리키는 상징이지 그것이 바로 예수님의 삶과 죽음은 아니란다. 십자가 그 자체는 나무나 아크릴 따위의 조각물에 지나지 않아. 불상(佛像)도 마찬가지야. 그것은 그냥 나무나 흙 또는 쇠로 깎아 만든 부처의 모습이지 그게 바로 부처는 아니거든.

종교는 이렇게 수많은 상징으로 말을 한단다. 뭔가 깊은 뜻을 나타내기는 해야겠는데 그것을 사람의 말〔言語〕로 모두 표현할 수는 없거든. 그래서 상징을 쓰는 건데, 그렇다고 해서 십자가가 곧 예수님이라고 생각하면 곤란하지. 드라큘라를 쫓아버리는 데 십자가를 사용하는 영화가 있지만 사실 나무나 쇠붙이가 무슨 힘이 있어서 악마를 쫓아버리겠니? '상징' 뒤에 또는 그 속에 숨어 있는 진짜 힘을 알고 그 힘을 의지하는 것이 중요해. 그것을 신앙이라고 한다면 십자가나 불상 같은 상징(a symbol)

을 믿는 것을 가리켜 미신(迷信)이라고 할 수 있겠지. 중세기 종교 개혁자들 가운데 츠빙글리(Ulrich Zwingli) 같은 이는 교회에서 십자가에 대한 미신(곧, 십자가를 우상으로 숭배하는 것)을 추방하고자, 제단에 십자가를 만들어 세우는 것조차 금했단다.

_그럼 십자가 없는 교회도 있었겠네요?

십자가 없는 교회라고? 그런 교회는 없었지. 있을 수도 없고 있어서도 안 돼. 그거야말로, 기름 없는 등잔처럼, 있긴 하지만 아무 쓸모가 없는 것이니까. 그런 걸 예수님이 뭐라고 하셨는지 아니? "짠 맛을 잃은 소금"이라고 하셨어. 소금이 짜지 않으면 소금이 아니지. 교회에 십자가가 없다면, 예수님의 삶과 죽음을 본받아 그렇게 살고 죽는 사람들이 없다면, 그건 이미 교회가 아니야. 다만, 십자가 형상을 만들어 세우지 않은 교회당은 있을 수 있겠지. 실제로 그런 교회가 많이 있단다. 심지어는 무교회주의(無敎會主義)를 내세우는 교회도 있으니까.

_무교회주의가 뭔데요?

말 그대로 교회가 필요 없다는 주장이지. 예수님 말씀을 따라 그대로 살아가는 것이 그리스도인의 유일한 목적이요 수단인데, 그것을 위해 기구나 제도를 갖춘 교회가 반드시 필요한 것은 아니며, 나아가 그런 제도나 기구가 오히려 신앙생활을 훼방하는 작용까지 한다고 생각하는 이들이 '교회 없는 교회'를 주장하고 나선 거야. 그러나 '무교회주의'란 말은 그들 자신이 스스로 붙인 이름이 아니라 바깥에 있는 사람들, 주로 교회에 소속돼 있는 이들이 붙여준 이름이란다. 사실 그들은 우리 눈에 보이는 제도와 기구인 교회를 거부했을 뿐 바울 사도가 말씀하신, 그리스도의 몸인 교회를 부인한 건 아니야. 오히려 그리스도의 몸인 교회를 살리려고 제도와 기구를 갖춘 교회를 떠난다는 게 그들의 주장이지. 이런 주장에도 나름대로 이치가 있다고 나는 생각해.

교회란 무엇인가?

자, 방금 내가 '그리스도의 몸인 교회'라는 말을 했는데 그 말을 중심으로 해서 교회란 과연 무엇인지, 어떻게 해서 교회가 '교회'로 존재하는지 생각해보기로 하자. 이 말은 아버지가 만든 말이 아니라 사도 바울이 맨 처음 쓰신 말인데, 교회의 본질을 썩 잘 설명해 주는 아주 훌륭한 은유(metaphor)야. 먼저 바울의 말씀을 직접 들어보기로 할까?

> 그가 어떤 사람은 사도로, 어떤 사람은 선지자로, 어떤 사람은 복음 전하는 자로, 어떤 사람은 목사와 교사로 삼으셨으니 이는 성도를 온전하게 하여 봉사의 일을 하게 하며 그리스도의 몸을 세우려 하심이라 우리가 다 하나님의 아들을 믿는 것과 아는 일에 하나가 되어 온전한 사람을 이루어 그리스도의 장성한 분량이 충만한 데까지 이르리니 이는 우리가 이제부터 어린 아이가 되지 아니하여 사람의 속임수와 간사한 유혹에 빠져 온갖 교훈의 풍조에 밀려 요동하지 않게 하려 함이라 오직 사랑 안에서 참된 것을 하여 범사에 그에게까지 자랄지라 그는 머리니 곧 그리스도라 그에게서

온 몸이 각 마디를 통하여 도움을 받음으로 연결되고 결합되어 각 지체의 분량대로 역사하여 그 몸을 자라게 하며 사랑 안에서 스스로 세우느니라 (에베소서 4:11~16)

_이 대목은 지난번에 읽은 것 같은데요?

그래, 읽고 나서 단어 풀이까지 하고는 그만뒀지, 아마?

_예, 그랬어요. 아버지가 피곤해 보인다고 슬기 언니가 말하는 바람에 다음 날로 미루었다가…….

내가 '감리교단을 염려하는 기도회'에 다녀온 얘길 하느라고 그 뒤를 바로 계속하지 못했던 것 같구나. 그럼 이제부터 이 말씀을 바탕 삼아 교회가 무엇인지 알아보기로 하자.

교회와 교회당

우선 너희 머릿속에 '교회'가 어떤 모습으로 새겨져 있는지 알고 싶구나. 여기 백지가 있으니 너희 머릿속에 있는 '교회'를 그림으로 표현해보겠니? 소리가 그림을 잘 그리니까 어디 한번 대표로 그려보렴.

_그러지요.

(한참 뒤에) 자, 다 그렸으면 어디 보자. 흠, 아주 아담한 교회를 그렸구나? 네가 반사(班師)로 나간다는 그 시골 교회냐? 종탑도 있고 종탑 위

에는 십자가도 있고 계단에 창문도 예쁘고 나무도 있고 어린이 놀이터도 있네? 잘 그렸다. 그러나 미안하지만 이건 '교회'가 아니구나.

　_그럼 뭐예요?

　이건 '교회'가 아니라 아담하고 예쁜 '교회당'이야. 교회하고 교회당은 같은 게 아니지. 무슨 말인지 알겠니?

　_아, 알겠어요.

　깜짝 놀랄 만큼 많은 사람이 '교회 = 교회당'으로 착각하고 있더구나. 교회당은 교회의 집회 장소일 뿐이야. 교회란 그리스 말로 에클레시아(ekklēsia)인데 사람들의 '모임'이라는 뜻이란다. 한문으로도 회(會)는 '모임'이란 말 아니냐? 그러니 사실 '교회'는 어떤 상징을 사용하지 않는 한, 종이에 그림으로 나타낼 수가 없는 것이지. 무슨 뜻인지 알겠니?

　_예.

　모임이란 혼자서는 이룰 수 없는 거야. 적어도 둘 이상이 모여야 회(會)가 되지. 그래서 교회를 '공동체(the communion)'라고도 해. 교회야말로 독불장군이 불가능하단다. 아무리 무교회주의라 해도 그들은 그들끼리 '모임'을 이루고 있어. 그러지 않고서는 '신앙'이 불가능하거든. "교회 밖에는 구원이 없다(extra ecclecium nulla salus)"는 말도 처음에는 가톨릭교회 말고 프로테스탄트를 비롯한 다른 종교(이슬람교 따위)에서는 구원받을 수 없다는 배타적 명제(命題)였지만 '교회'를 공동체로 이해하여, '공동체'를 떠난 '개인'의 차원에서는 구원이 불가능하다는 뜻으로 해석되기도 했어. 그렇게 해석할 때 "교회 밖에 구원이 없다"는 말은 옳은 말이지. 신앙이란 본질상 어느 한 사람의 것이라기보다 '공동체'의 것이니까. 생각해보렴. 우리가 뭘 믿는다고 할 때 그 '믿음'이 우리에게서 처음 비롯된 것은 아니잖니? 누군가 우리에게 믿음의 내용을 전해주고 가르쳐주었으니까 믿는 거지. 그러기에 신앙과 교회 전통은 떼어놓을 수 없는 관계로 상생(相生)하는 거야. 신앙이 있어서 교회가 있고 교회가 있어서 신앙이 있다는 그런 얘기지.

함께 서로 살리는 모임

교회를 '그리스도의 몸'으로 은유한 바울 사도의 가르침도 바로 이런 이치를 말해주는거라고 봐야 해. 몸이란 헤아릴 수 없는 여러 지체들로써 이루어지는 것 아니냐? 대충 얘기해서 머리, 가슴, 배, 팔다리 따위로 나눠볼 수도 있고, 또 뼈, 살, 피 따위로 나눠볼 수도 있지만, 그것들 모두 함께 모일 때 비로소 '몸'이 있는 거야. 우리 몸은 이렇게 숱한 지체들 또는 요소들로써 이루어지는데 그 지체나 요소들을 따로 떼어놓으면 '몸'이 존재할 수 없단다.

슬기, 네 머리가 '몸'이냐? 아니지. 기림이, 네 가슴이 곧 네 '몸'이냐? 아니지. 소리, 네 다리가 '몸'이냐? 그것도 아니지. 이렇게 우리의 몸은 '몸 아닌 것들'이 함께 모여서 만들어진 것이란다. '몸 아닌 것 + 몸 아닌 것 + 몸 아닌 것 + …… + 몸 아닌 것 = 몸'이라는 말이지. 모이면 교회요 분해해놓으면 교회가 아니야. 그래서 예수님은 '너희 중의 두 사람이 땅에서 합심하여 무엇이든지 구하면 하늘에 계신 내 아버지께서 그들을 위하여 이루게 하시리라" 하고 말씀하시고 이어서 "두세 사람이 내 이름으로 모인 곳에는 나도 그들 중에 있느니라" 하셨던 거야.(마태복음 18:19~20) 그 '모임'이 바로 교회란다. 뿔뿔이 흩어져서는 '몸'을 이룰 수 없고 따라서 교회도 있을 수 없는 거야.

그런데 지난번 '몸' 이야기할 때 생각해보았듯이 우리 몸의 지체는 서로 섬기고, 섬김으로써 함께 살아가게 되어 있어. 함께 서로 살린다는 것을 상생(相生)이라고 해. 그리스도의 몸인 교회는 이렇게 상생하는 모임이란다. 목사는 평신도를 살리고 평신도는 목사를 살리고, 어른은 아이를 살리고 아이는 어른을 살리고, 남자는 여자를 살리고 여자는 남자를 살리고, 가진 자는 못 가진 자를 살리고 못 가진 자는 가진 자를 살리고…….이렇게 서로 서로 살리는 '모임', 그것이 바로 교회야.

그런데 바울 사도는 이 몸의 머리가 그리스도라는 또 다른 은유를 얘기해주었구나. '교회 = 그리스도의 몸'이요, '교회의 머리 = 그리스도'라는 얘긴데, 억지로 이 두 은유를 일치시켜보려고 애쓸 필요는 없어. 은유는 어디까지나 은유니까. 그것이 무엇을 뜻하는지, 그것만 알면 되는 거야. 그러면, 교회의 머리가 그리스도라는 말이 무슨 뜻인지 누가 말해 보겠니?

―그리스도의 뜻대로 움직이는 것이 교회라는 말 아닌가요? 무엇을 생각하고 결정하는 일을 맡은 게 머리니까요.

옳거니, 바로 그거야. 교회는 다름 아닌 그리스도 그분의 뜻을 실천하는 몸이거든. 교회가 하는 모든 일이 그리스도의 뜻을 실천하는 것이라야 해. 그분의 뜻에 어긋나는 짓을 하는 교회가 있다면 가짜 교회든가 아니면 병든 교회든가, 간판은 교회 간판을 내걸었고 십자가도 번쩍번쩍 하늘 높이 세웠지만 '전체'를 위해(이 말은 '이웃을 위해'라는 말과 똑같단다. 마치 이빨이 가장 가까운 이웃인 목구멍에 봉사하듯이) 자기를 바치는 그런 삶이 실제로 이루어지지 않는다면 그건 가짜 교회든지 병든 교회든지 둘 가운데 하나일 수밖에 없어.

_가짜 교회와 병든 교회는 어떻게 달라요?

아예 그리스도의 뜻과 상관없는 엉뚱한 목적을 가지고 모여서 겉모양만 교회처럼 꾸몄을 경우 그런 걸 가짜 교회라 하고, 그리스도의 뜻대로 살고자 모이기는 하였는데, 손발이 말을 듣지 않는 중풍병자처럼 자꾸만 엉뚱한 짓을 하는 교회를 병든 교회라고 할 수 있지 않겠니? 물론 처음부터 가짜 교회로 출발한 그런 교회도 있고(이런 걸 사이비 기독교라고 한단다) 처음에는 진짜 교회였다가 병이 들어서 가짜로 변질된 그런 교회도 있지. 우리 주변에서 흔히 보는 교회들은 내 눈에 거지반 다 '병든 교회'로 보이는구나. 안타깝지만 건강하고 참된 교회를 찾아보기 어려운 게 우리의 현실이야. 왜 그럴까? 그리스도가 머리인데 머리의 명령이 사지(四肢)에 제대로 전달이 안 되기 때문이겠지. 아니면 아예 뇌에 손상을 입은 사람처럼 머리이신 그리스도가 제 기능을 다하시지 못해서든지.

_그리스도가 제 기능을 다 못 하시다니요? 그럴 수도 있나요?

있고말고. 아까 말했잖니? 그리스도의 몸은 서로가 서로를 살리는 상생의 이치에 따라 존재하는 것이라고. 머리가 사지를 살리듯이 사지도 머리를 살리는 거야. 생각해보렴. 손발을 열심히 움직여 일하지 않으면 어떻게 되지?

_먹을 것을 못 구하겠지요.

아무렴. 일이 곧 양식이니까. 예수님도 그러셨잖아? 나의 양식은 아버지의 뜻을 이루는 것(일)이라고. 쌀이 양식이 아니라 '일'이 양식인 게야. 양식을 얻지 못하면 굶게 되고 굶으면 죽고 마는데 머리가 어떻게 기능을 하겠니? 안 그래? 그리스도와 우리는 이렇게 서로가 서로를 살리는 거야. 이 사실이 매우 중요한데 뜻밖에도 많은 사람이, 그리스도가 우리를 살려주신다는 걸 알면서 우리가 그리스도를 살려드린다는 점은 잘 모르는 것 같더라. 상생의 원리란 그렇게 일방적인 것이 아니야. 교회라는 신령한 몸을 통해 그리스도와 우리가 함께 서로를 살리고 있음을 명심하도록 해라.

_그래도 우리가 그리스도를 살려드린다는 말은 무슨 뜻인지 잘 모르겠어요.

뜻은 무슨 뜻? 말 그대로 우리가 그분을 살려드린다, 이 말이야. 못 알아듣겠어? 우리가 없이는, 우리가 그분의 뜻대로 움직여드리지 않으면 그분은 이 세상에 살아 계실 수가 없어. 아까 얘기했잖니? 손발이 움직이지 않으면 머리가 제 기능을 다할 수 없다고.

자, 그럼 예를 하나 더 들어보기로 하자. "의사가 환자를 살린다." 맞는 말이냐? 틀린 말이냐?

_맞아요.

그럼 반대로, "환자가 의사를 살린다." 이 말은 어때?

_······?

뭘 그리 어리둥절하니? 환자가 없으면 의사는 굶어 죽을 수밖에 더 있어? 안 그래?

_아, 맞아요.

의사가 있기 때문에 환자가 있는 게 아니라 그 반대야. 알겠니? 의사가 환자를 고쳐주는 건 사실이지만, 그 전에 환자는 의사를 '있게(to be)' 했어. 만일 죄인이 없었다면 그리스도가 세상에 오실 이유가 있었을까?

_없지요.

그것 봐. 그러니 우리가 그분을 세상에 오시도록 한 것 아니겠어? 나아가서 그분은 우리가 있기 때문에 지금도 살아 계시는 거야. '몸'이 없는데 '머리'가 어떻게 있니? 따라서 그분이 우리를 살려주시듯이 우리에게도 그분을 살려드릴 의무가 있는 거야.

머리는 몸을 살리고 몸은 머리를 살리고

예수님이 베드로에게 "깊은 데로 가서 그물을 내려 고기를 잡으라"고 하셨지?

_예.

만일 베드로가 예수님 말씀을 듣지 않고 그물을 거두어버렸다면, 예수님의 '말씀'은 어떻게 됐겠니?

_아무 소용도 없는 '헛소리'가 됐겠지요.

맞아. 그대로 이루어지지 않는 말을 가리켜 헛소리라고 해. 말이 죽은 거지. 그러니 베드로가 예수님 '말씀'을 죽지 않고 살아 있는 말씀으로 만들어드린 것 아니냐? 그렇지?

─예.

우리도 마찬가지야. 베드로가 순종함으로써 예수님 말씀을 땅에 떨어뜨리지 않고 살아 있는 말씀으로 만들어드렸듯이, 우리도 그분 말씀이 우리를 통하여 살아 있게 해드려야 한단 말이다. 이젠 알겠니?

─알겠어요.

순종하는 지체들이 없다면 몸은 살아 있을 수 없고 따라서 몸의 일부인 '머리'도 살아 있을 수 없어. 그리스도는 오늘도 당신의 몸인 교회를 통하여 살아 계시는 거야. 아니, '그리스도는'이 아니라 '그리스도가'라고 해야겠구나. 목사, 장로, 집사, 권사, 평신도, 주일 학생…… 이 모두를 통해 '그리스도'가 살지 않는다면 아무리 많은 사람들이 모여서 큰일을 한다 해도 미안하지만 그건 '교회'가 아니란다. 그리스도가 산다는 말은 그분의 '말씀'이 살아 움직여서 그 뜻이 실현된다는 말이야. 어떤 장로가 세운 교회라고 해서 만일 그 장로의 생각이 그리스도의 뜻보다 더 높은 자리에 있다면 그건 결단코! '교회'가 아니야. 아무리 훌륭한 목사라 해도 만일 "아무개 목사 없으면 이 교회는 문을 닫을 수밖에 없어"라는 소리가 들린다면, 겉으로 말은 그렇게 안 해도 사람들이 그렇게 생각한다면, 그런 교회는 차라리 문을 닫는 게 좋을 게다.

교회는 오직 그리스도 그분의 뜻이 살아서 일하는 공동체여야 해. 그렇게 함으로써 머리이신 그리스도가 살고 지체인 우리가 또한 사는 거야. 베드로가 순종함으로써 그리스도의 말씀(명령)이 살고 그래서 베드로도 살았던 것처럼! 요한 23세라는 아주 훌륭한 교황이 계셨어. 그분이 제2차 바티칸 공의회라는 대단히 중요한 회의를 여셨는데 어쩌면 가톨릭 이천 년 역사에 가장 획기적인 사건으로 평가될지도 모르는 그런 모임을 열면서 가까운 이들에게 이렇게 말씀하셨단다.

"나는 이 공의회를 열면서 성령께 도움을 요청하는 기도를 드리지 않았네."

모두 깜짝 놀랐지. 아니, 이토록 중대한 회의를 소집하면서 성령의 도우심을 기도하지 않다니? 어리둥절한 그들에게 교황이 말씀하셨어.

"다만 나는 우리가 이 공의회를 통해 성령님을 적절히 효과적으로 도와드리도록 해달라고 기도드렸지."

무슨 말인지 알아듣겠니? 공의회를 열고 진행하는 주체가 하나님이신데, 우리가 그분을 도와드려야지 그분에게 우리를 도와달라고 할 수는 없는 일 아니냐? 요한 23세는 바로 그걸 말씀하신 거야. 교회가 그리스도의 몸이란 말은, 교회가 그리스도의 것이면서 동시에 오늘 이 땅에서 그리스도를 살아 계시게 하는 유기체(有機體)라는, 매우 깊은 뜻을 지닌 은유란다.

교회는 '어떻게' 교회인가?

또한 '몸'이라는 단어가 지닌 여러 가지 의미를 검토해보면 교회가 어떻게 존재해야 하는지 많은 것을 배울 수 있을 게다. 지금까지 교회가 '무엇'인지를 생각해봤으니 이제부터 '어떻게' 존재해야 참교회인지를 생각해보기로 하자.

우선, '몸' 하면 무엇이 생각나는지 말해보겠니? 아무거나 떠오르는 대로 말해보렴.

_몸은 살아 있어요.

_몸은 때가 되면 죽어요.

좋은 얘기다. 몸이 살아 있다는 기림이 말에 대해서는 좀 있다가 생각해보기로 하고, 때가 되면 죽는다는 슬기 말부터 검토해보자. 몸이 죽는다는 건 아주 중요한 얘기니까. 그럼, 교회가 그리스도의 몸이라고 했으니 교회도 때가 되면 죽는다는 말이냐?

_그렇겠지요.

_그리스도의 몸인데 죽어?

_그래도 살아 있는 건 모두 죽잖아?

가만, 그렇게 마구 떠들지 말고 생각 좀 해보자. "몸은 죽는다." 맞는 말이냐, 틀린 말이냐?

_맞는 말이지요.

그렇게 쉽사리 단정할 수는 없지. 우리가 지금 말하고 있는 '몸'이 무엇인지, 무엇을 뜻하는지, 거기에 따라 답은 달라질 수밖에 없으니까.

_몸이 몸이지 뭐예요?

죽으면서 사는 몸

아버지가 예를 하나 들어볼게. 경기도 양평에

용문사(龍門寺)라는 절이 있는데 그 절에 천 년도 더 산 은행나무가 있어. 한 십오륙 년쯤 전 일이야. 절 구경을 갔다가 은행나무를 보았지. 그때만 해도 지금처럼 은행나무에 쇠 울타리를 둘러치지 않아서 마음대로 나무를 만지거나 둘레를 재어볼 수도 있었단다. 나무 아래에는 나무를 소개하는 팻말이 서 있었는데 신라 때 마의 태자가 금강산으로 가다가 꽂아놓은 지팡이에서 싹이 나 이렇게 큰 나무로 자랐다는 전설과 함께 나이가 천 살도 더 되었다는 설명이 붙어 있었지. 마침 축 늘어진 가지에서 갓 돋아난 파란 잎이 바람에 하늘거리기에 아버지가 그 나뭇잎을 보며 말을 걸었어.

―나뭇잎하고 말을 해요?

그럼! 얼마든지 할 수 있지. 귀만 밝으면 나뭇잎뿐만 아니라 돌멩이들이 속삭이는 소리까지 들을 수 있단다.

―뭐라고 말을 걸었어요?

들어봐. 내가 먼저 물었지.

"너 몇 살이냐?"

그러자 나뭇잎이 팔랑거리며 대답했어.

"몰라서 묻니? 올봄에 태어났으니 한 살이지 뭐. 별걸 다 묻는구나?"

그러는데 바로 곁에서 굵직한 소리가 들리는 거야.

"한 살이라고? 네가 한 살이란 말이냐? 무식한 놈! 저 팻말에 적혀 있는 글도 읽지 못하니?"

다시 나뭇잎이 파르르 떨며 웃어대는 것 같았어.

"아차! 깜빡했군. 내 나이 이래 봬도 일천한 살이라는 사실을."

나뭇잎끼리 주고받는 말을 듣다 말고 아버지는 깜짝 놀랐어. 나뭇잎의 나이는 곧 나무의 나이라는 사실을 문득 깨닫고 내 나이가 몇인지 생각하게 됐거든.

자, 이 나무가 없다면? 물론 나뭇잎도 없지. 이 나무가 천 년도 넘게 살아 있지 않았다면? 십 년쯤 전에 죽었다면? 물론 나뭇잎은 태어나지도 못했겠지. 그렇다면? 나뭇잎의 나이 한 살에다가 나무의 나이 천 살을 보태야 그게 바로 나뭇잎의 진짜 나이 아닌가?

만일 아담 이후 '인류'라는 나무가 중간에 죽고 말았다면? 나라고 하는 존재는 있을 수가 없겠지. 여기 '이현주'라는 한 나뭇잎이 있는 것은 아담 이후 오늘까지 '인류'라는 큰 나무가 단 한순간도 단절되지 않고(달리 말하면, 죽지 않고) 생명을 이어왔기 때문에 가능한 것 아닌가? 그 순간 나는 '인류'와 내가 한 '몸'이라는 사실을 문득 깨달았단다. 따라서 이현주가 죽어도 인류는 살아 있을 터인즉, 내가 죽어도 나의 '몸'이 아주 죽는 건 아니라는 느낌이 들었어. 나뭇잎 하나가 곧 나무라는 사실, 한 인간이 곧 인류라는 사실, 그것을 느끼는 순간 아버지는 몸에서 소름이 돋는 듯했지.

―나뭇잎 하나가 어떻게 나무예요?

바늘로 나뭇잎을 찌르면 그게 곧 나무를 찌른 것 아니냐? 네 빰을 누가 한 대 치면 그게 곧 너를 친 것 아니야? 한국 선수가 중국 선수를 이기면 한국이 중국을 이겼다고 하지 않던?

―맞아요.

그래서 전체는 부분을 포함하고 부분은 전체를 포함한다고 말하는 거야. 아버지가 아들 안에 있고 아들이 아버지 안에 있고…….

그동안에 이런 말을 그냥 '관념'으로 알 뿐이었는데, 일년생 나뭇잎이 "내 나이 일천한 살이야" 하고 큰소리치는 걸 듣는 순간, 조금 과장한다면, 아버지는 뭔가 소스라치게 놀라 깊은 진리를 깨닫는 것 같았어.

예를 제대로 들었는지는 모르겠다만, '몸'은 물론 슬기 말대로 때가 되면 죽지. 그러나 죽어도 안 죽는 다른 '몸'이 있다는 사실을 어떻게 생각하니? 아버지나 어머니는 언젠가 세상을 뜨겠지만, 너희들 몸속에서 계속 살아남는 거야. 어제의 은행나무가 오늘의 은행나무 속에 살고, 오늘의 은행나무가 내일의 은행나무 속에 살듯이 '몸'이란 이렇게 끊임없는 죽음을 통하여 살아가게 돼 있거든. 그런 걸 생물학에서는 '신진대사(新陳代謝, metabolism)'라고 하지 않니? 신진대사란 낡은 것이 죽고 새로운 것이 생겨나는 과정인데, 신진대사가 제대로 이루어지지 않을 때 그 몸은 진짜로 죽고 말지. 용문산 은행나무가 천 년도 넘게 살아 있는 것은 그동안 한 순간도 끊이지 않고 신진대사가 계속되었기 때문이야. 다시 말하면 죽고 살고 다시 죽고 살고 하는 과정이 연속되었기 때문에 저렇게 살아 있다는 말이다. 만일 그 '과정'이 단절되었다면, 그러니까 죽어야 할 낡은 것이 죽지 않고 그냥 계속 살기만 했다면, 그래서 '신진대사'가 제대로 이루어질 수 없었다면, 나무는 진작 죽고 말았겠지. 그러니까 '죽음'은 '생명'의 반대가 아니라 생명의 한 부분 또는 요소라고 볼 수 있지 않겠니?

자, 그러니 교회도 '몸'이니까 죽어야 하고 그래도 '그리스도의 몸'이니까 죽을 수 없다는 두 말이 모두 옳다고 봐야 하지 않을까?

__그럼, 죽어야 하는 교회란 어떤 교회예요?

'교회'가 살려면 끊임없이 교회의 신진대사가 이루어져야 하는데, 왜냐하면 교회는 살아 있는 '몸'이니까. 그것을 다른 말로 하면 끊임없는 교회 개혁이 이루어져야 한다는 말이 될 수 있겠지. 날마다 새로워지지 않고서 건강한 몸으로 살아남을 수 없는 것은 우리의 몸뿐 아니라 교회도 마찬가지란다. 교회는 끊임없이 새로워지고자 스스로 애를 써야 해. 새로워진다는 것은, 낡은 것을 배설하고 새로운 것을 받아들임으로써 가능한 일이지. 21세기를 코앞에 둔 오늘, 지구촌이라는 말이 당장 눈앞의 현실이 된 오늘, 여전히 중세기 때의 신앙고백이나 신조를 고집한다는 것은 버려야 할 것을 버리지 않는 모습이고, 그렇게 되면 새로운 신앙을 고백할 수도 없지 않겠니? 똥을 눠야 밥을 먹지.

─밥을 먹어야 똥을 누지요.

그게 그렇구나. 낡은 것을 버려야 새 것을 얻을 수 있고 새 것을 얻어야 낡은 것을 버릴 수 있고······. 그렇다면 오늘 우리 교회는 건강하고 싱싱한 '몸'으로 살아가도록 두 가지를 함께 잘해야겠지? 낡은 시대의 유물을 과거의 역사 속에 묻는 일과 새로운 시대에 주시는 새로운 하나님의 양식을 잘 받아먹는 일······.

─뭔가 그럴듯한 얘기 같은데 잘 감이 잡히지 않아요. 그렇다면 오늘 한국 교회가 어떻게 새로워져야 하는지 예를 들어 한 가지만 말씀해주세요.

고맙다. 슬기가 각종 세미나엘 열심히 참석하더니, 지적하는 솜씨가 좀 늘었구나. 그럼 예를 들어 한 가지만 생각해보자. 나는 오늘 한국의 교회가 시급히 해결해야 할 문제들 가운데 하나로 '신학의 개혁'을 들고 싶구나. 그동안 사실상 한국의 '신학'은 외국 선교사들을 통해 수입된 서양의 신학을 소개하는 정도에 머물렀다고 봐도 지나친 말은 아닐 게다. 이제는 우리 눈으로, 우리 식으로 하나님 말씀을 소화하여 우리 교회를 이 땅에 뿌리내리도록 도와주는 새로운 신학이 있어야 해. 더군다나 모든 것이 다양해져 기존의 규범이나 틀이 근본적으로 검토되며 무너져가는 탈근대주의(postmodernism) 시대에 서양인들의 신학과 그 해석에만 매달리는 것은, 교회를 새롭게 하는 일에 별로 도움 될 바 없을 게야.

마침 이 문제를 가지고 얼마 전 아버지가 현대신학연구소의 '신학 강좌'에서 강연한 원고가 있는데 그 가운데 몇 대목을 읽어보는 게 좋겠구나.

…… 이른바 '수입신학'이라 부를 만한 것이 있다. 길게 설명할 것 없이 지금까지 한국의 신학교에서 열심히 토론하고 연구해온 신학의 내용을 대충 떠올리면 무슨 말인지 알 것이다. 처음에는 선교사들에 의하여 신학이 면세(免稅)로 수입되었고, 그 신학이 '전통·보수'의 이름으로 여태껏 주류를 이루고 있는 게 부인할 수 없는 현실이다.

선교사들에게 배우기는 했지만 그래도 아직 본토의 얼이 바탕을 이루었던 초기 한국인 신학자들한테는 그나마 '김치 냄새 나는' 조선의 신학이 주창되거나(김교신), 한국의 정신과 기독교 정신의 접촉이 문제시되기도 했지만(최병헌), 6·25를 전후하여 선교사들의 본토인 구미(歐美)에서 유학하고 돌아온 신학자들이 활약하면서부터는 아주 본격적으로 찬란한 수입신학의 시대를 열었다고 할 수 있다.

수입신학은 나름대로 훌륭한 점이 물론 있다. 그만한 가치 또한 있다. 그러나 그 가치와 장점이, 그 신학이 그곳에서 그들의 '민족신학'으로 정립되었다는 사실에서 오는 것임을 기억해야 한다.

더구나 그것이 이곳에서 정당한 해석 과정을 거치지 않고, 똑같은 가치와 장점을 지니는 것은 결코 아니다. 그럴 수가 없는 것이다. 소화되지 않은 낟알은 설사와 배앓이의 원인이 될 뿐 아무 도움도 되지 않는다. 한국의 신학이 그런 수입신학을 씹지 않고 삼킨 탓에 생겨난 병이 신학과 목회의 버성김이다. 목회 초년생들이 쉽게 하는 말, "막상 교회 현실에 들어서니 신학교에서 배운 게 모두 소용없더라"가 바로 그 병의 성격을 설명해준다. 신학은 신학이요, 신앙은 신앙이라는(예컨대 신학은 진보적으로 하되 신앙은 보수적으로 하라는 따위) 웃지 못할 말이 아주 설득력 있게 받아들여지는 현실도, 그동안 한국 교회의 '신학'이 얼마나 엉터리없는 것이었는가를 반증한다. 이제 늦었지만 우리는 이 수입신학의 병폐로부터 한국신학을 건져내는 일에 착수해야 한다.

…… 쓰기는 분명 한글로 썼는데 도무지 무슨 말인지 알 수가 없는 난해한 신학으로 박사학위를 뽐내는 '유식한' 신학자들을 키우고 그들의 밥벌이를 위해 신학을 수입할 이유는 어디에도 없다. …… 백 마디 방언보다 알아들을 수 있는 예언 한 마디가 더 낫다. 기성 신학자는 물론 앞으로 이 땅에서 신학을 하고자 하는 자는, '한국말'부터 배워야 한다. 수입신학은 그동안 우리에게 '말(言語)'을 상실한 신학이었다. 말이 없으니 대중에게 전달될 수가 없다. 그러니 신학 따로 신앙 따로일 수밖에 없지 않겠는가? ……

신학을 하되 한국인은 한국식으로 해야 한다. 서양인의 방법론이 나쁘다는 말은 결코 아니다. 그러나 그것은 그들이 거기서 찾아낸 것이지 우리가 여기서 찾아낸 것은 아니다. 우리 나름의 방법을 찾기 위해 참고는 할 수 있지만 그것을 곧이곧대로 우리의 방법으로 삼을 수는 없는 일이다. 분석과 종합을 주요 수단으로 삼는 저들의 방법론과 통찰(洞察)과 어울림(調和)을 주로 하는 우리의 방법론에는 상당한 차이가 있을 수밖에 없다. …… 어째서 아직도 칼뱅의 성서 해석이 이 땅에서 정통과 이단을 가려내는 유일한 잣대로 사용되어야 하는가? ……

이제부터 한국신학은 한국의 모국어로 거듭나야 한다. 모국어란 그냥 말이 아니라 존재의 바탕이요 집이다. 한국말을 업신여기는 한 결코 한국신학의 꽃은 피어날 수 없다. 오늘 우리는 '말'을 상실해가는 대단히 비극적인 민족의 현실을 살고 있다. 일제가 조선어를 없애려고 했을 때는 차라리 조선어가 생기를 내뿜었다. 그런데 지금은 우리 스스로 모국어를 짓밟고 있지 않는가? 이 일에 가장 앞장선 무리 가운데 하나가 바로 신학자들이었다고 나는 생각한다. …… 도대체 무슨 이유로 신학의 언어가 알아듣기 힘든 외국의 문법으로 뒤틀린 것이어야 한단 말인가? 어째서 노동자나 농민들이 쉽게 읽을 수 있는 글은 '신학'이 아니라는 터무니없는 상식이 암암리에 통하고 있단 말인가?

한국 교회가 '신학'을 정말 새롭게 다시 시작해야 한다는 하나님의 메시지가 '감리교신학대학 두 교수 출교 파문'이라는 사건 속에 포함되어 있다는 게 아버지의 생각이야. 만일 한국 교회가 그 메시지를 읽지 못하여 신학의 단호한 개혁(또는 갱신)에 착수하지 못한다면 또 무슨 기막힌 사건이 벌어질지 모르겠구나. 남미의 '해방신학'도 그곳 가톨릭교회의 회개운동 차원에서 태어난 것으로 볼 수 있어. '해방신학'은 '신학의 해방'이기도 하단다. 예를 든다면, 이런 것이 새로워지는 교회의 한 모습이라고 할 수 있겠지.

날마다 새로워지면서 한결같은 교회

물론 새로워져야 할 것이 어찌 '신학' 뿐이겠니? 행정, 교육, 정책, 제도 따위 교회가 교회답게 살아 있으려면 교회의 모든 것이 날마다 새로워져야만 하는 거야.

―그렇지만 교회에는 전통이 있고 그 전통을 무시하거나 부정해서는 안 되는 것 아녀요?

아무렴. 전통은 뿌리와도 같은 것인데 전통을 무시해서는 개혁이고 뭐고 해보기도 전에 죽고 말겠지. 용문사 은행나무가 천 년 묵은 나무라면 교회는 이천 년 된 나무야. 나무를 떠나서는 아무런 열매도 맺을 수 없어.(요한복음 15:4) 그러니까 어떤 명분으로든 교회를 떠난 운동은 이미 기독교운동이 아닌 거야. 명심하여라. 그러나 교회의 전통에 갇혀 있는 것과 전통을 지켜나가는 것은 엄연히 다르단다.

우리 몸은 날마다 새로워지지만, 지금 이 순간에도 슬기 네 몸에서는 헤아릴 수 없이 많은 세포들이 죽고 또 새로 태어나고 있으니까, 그렇게 날마다 새로워지지만, 슬기 너는 태어나서 죽을 때까지 같은 슬기지 다른 슬기가 될 수는 없어. 겉모습은 순간순간 달라지지만 너의 너됨은 죽을 때까지 한결같다는 말이야. 전통은 그와 같은 것이란다. 매일 달라지면서도 영원히 한결같은 것, 그게 바로 그리스도인의 몸인 교회야.

자, 교회가 죽느냐 사느냐 하는 문제는 이쯤 이야기하고 이번에는 기림이가 말한, '살아 있는' 교회에 대하여 생각해볼 차례인데. 다음으로 미루는 게 어떻겠니? 좀 쉬었다가 하자.

―예. 그렇잖아도 좀 쉬자고 말씀드릴 참이었어요. 아까부터 오줌 마려운 걸 참고 있었거든요.

오줌이 마려우면 눠야지. 억지로 참으면 병이 돼. 모든 것을 자연의 순리대로 해야 한다. 교회가 그리스도의 몸이란 말은, 하나님이 마련해주신 자연 법도에 따라 존재해야지 만일 그걸 억누르거나 무시한다면 교회도 얼마든지 병들 수 있다는 그런 뜻이기도 해.

오늘은 이상하게 말이 어렵게 되었는데 듣느라고 애썼구나. 그럼, 내일 다시 만나자.

여덟 번째 강의
교회, 살아 있는 몸

씨앗 하나가 땅에 떨어져 뿌리를 내리고 싹을 틔우면 성장이 시작된 것인데 그 성장의 방향은 언제나 '속에서 겉으로'지, 겉에서 속으로 클 수는 없어.

❖

'몸'이라고 말할 때 기림이는 '살아 있음'이 먼저 생각난다고 했는데, 맞아. 살아 있는 것을 몸이라고 하지. 그러면 오늘은 교회를 '살아 있음'에 연결하여 생각해보기로 하자. 자, 그럼 무언가가 '살아 있다'는 건 무슨 뜻이지?

＿죽지 않았다는 뜻이지요.

그럼, 죽었다는 건?

＿살지 않았다는 뜻이고요.

말장난하자는 거냐, 지금? 아니, 잠깐! 다시 말해봐. '살지 않았다'고? 어째 말이 좀 이상하지 않니?

＿이상해요. '죽지 않았다'는 말은 자연스러운데 '살지 않았다'는 말은 어쩐지 어색하네요.

"그 사람 충주에서 살지 않았다." 이 말은 어떠냐?

__그건 말이 되지요.

말이 되지. 그런데 그 뜻은 '충주에서 죽었다'가 아니라 '충주 아닌 다른 어디에서 살았다'는 것 아니냐?

__그렇지요.

'죽었다'는 말을 '살지 않았다'는 말로 바꾸면 어째서 어색할까? '살았다'를 '죽지 않았다'로 바꿀 수는 있지만, '죽었다'를 '살지 않았다'로 바꿀 수는 없다? 뭔가 깊은 뜻이 숨어 있는 듯해! 가만 생각해보자. 어째서 '죽지 않았다'고 하면 말이 되는데 '살지 않았다'고 하면 말이 되지 않을까? '죽지 않았다'는 '산다'이고 '(어디에서) 살지 않았다'는 '(다른 데서) 살았다'이고. '죽었다'를 굳이 바꾸려면 '살지 않는다'로는 될 수 있겠지. ……아하, 알겠다. '죽음'에는 과거형이 어울리지만 '삶'에는 과거형이 어울리지 않기 때문이야. 그런데 과거형을 써서 반대말로 만들자니 이상할 수밖에.

__무슨 말인지 못 알아듣겠어요.

'죽었다'는 말의 뜻을 반대말로 바꾸는데 '살지 않았다'고 과거형을 쓰면 어색하지만 '(지금) 살지 않는다'고 현재형을 쓰면 자연스럽지 않니? "그 사람 어제 죽었어요"를 "그 사람 어제 안 살았어요" 하고 바꿀 수는 없거든. 왜 그럴까? '삶'이란 그 성격이 과거에 묻혀 있지 않고 언제나 현재형이기 때문 아닐까? 반대로, "그 사람 살아 있어요"를 "그 사람 죽지 않아요" 하고 현재형으로 바꾸면 지금 살아 있다는 뜻과는 엉뚱하게 다른 뜻('지금 죽을 고비에 있다' 또는 '그 사람은 불사조다' 따위)이 되고 말지. 왜 그럴까? '죽음'이란 그 본질이 과거의 것이지 현재의 것이 아니기 때문 아니겠니?

'과거'는 죽음의 것이요, '오늘'은 생명의 것이다. 살아 있다는 것은 죽어버린 어제를 뒤에 묻고 열려 있는 내일을 향해 나아가는 것. 그리스도의 몸인 교회는 과거도 미래도 아닌 지금 여기에 그 주소를 둔 살아 있는 공동체다. '오늘'은 어제를 등지고 내일을 향하는 순간, 그러기에 교회와 연관되는 동사는 과거형이 아니라 현재형이요, 과거완료형이 아니라 미래진행형이다. 어떠냐? 그럴듯해?

―어리뻥뻥해요.

사실은 나도 그래. 하지만 우리말이 재미있잖니? 어째서 '살지 않는다'고 하면 말이 되는데 '살지 않았다'고 하면 어색하냐, 이거야. 또 '죽지 않았다'는 괜찮은데 '죽지 않는다'고 하면 엉뚱한 말이 되느냐, 이 말이다. 죽음은 과거와 어울리는 말이고 삶은 현재와 어울리는 말이어서 그런 게 아니겠냐?

좋아. 그건 그렇다 치고, '살아 있다'는 건 '죽지 않았다'는 건데, 다시 말하면 꿈틀꿈틀 움직인다는 말 아니냐?

―예.

부드러운 삶, 단단한 죽음

죽은 것은 움직이지 않지. 생명력이 왕성한 것일수록 잘 움직이고 부드러운 반면, 죽을 때가 가까운 것일수록 움직이지도 못하고 딱딱해지다가 죽고 나면 도무지 움직일 줄도 모르고 돌이나 나무토막처럼 굳어지는 법이야.

노자의 말에, "사람의 살아 있음은 부드러움이요, 약함이로되 그 죽음은 단단하고 강함이다. 만물 초목의 살아 있음은 부드럽고 무름이로되 그 죽음은 메마름이다. 그러므로 단단하고 강한 자는 죽음의 무리요 부드럽고 약한 자는 삶의 무리다〔人之生也柔弱其死也堅强, 萬物草木之生也柔脆其死也槁, 故堅强者死之徒, 柔弱者生之徒〕"라는 구절이 있어. 나무를 보렴. 살아 있는 나무는 부드럽고 젖어 있지만 죽은 나무는 단단하고 말라 있지 않니? 사람도 마찬가지야. 어린아이는 팔이 부러져도 금방 낫지만 노인은 한번 뼈를 다치면 좀처럼 고쳐지질 않는단다. 어린아이 뼈는 부드럽고 약한데 노인의 뼈는 단단하고 강하거든. 생명에 가까울수록 말랑말랑하고 부드럽고 잘 움직이는 반면 죽음에 가까울수록 단단하고 강하고 메마르고 잘 움직이지 못하는 거야.

―그건, 누구나 다 아는 상식이잖아요?

상식이지. 누구나 다 아는 상식을 뭣 때문에 노자 같은 이는 그렇게 늘어놓았느냐, 이 말이냐?

―예.

그 상식이 말 그대로 상식으로 온 세상에 통한다면 뭐가 아쉬워서 그런 얘길 늘어놓겠니? 노자가 그 말을 할 때 세상은 나라마다 부국강병(富國强兵)이라 해서 재물을 모으고 군대를 키우는 데 겨를이 없었단다. 재물은 많을수록 좋고 군대는 강할수록 좋다고 생각한 정치가들이(당시에는 주로 왕들이) 온통 재물을 긁어모으고 군대를 기르느라고 정작 사람들의 삶은 형편없었어. 그러나 노자는 그따위 부국강병이라는 게 모두 백성을 속이는 헛소리일 뿐임을 알았고, 군대가 강하면 강할수록 나라는 오히려 멸망으로 치닫는다는 사실을 일러주고 싶었던 거야. 세계 역사를 잠시 들여다보렴. 저 옛날 그리스·로마 제국 시절부터 오늘까지 군사력이 정점에 이르러 말 그대로 막강(莫强)한 군대를 자랑한 나라치고 멸망하지 않은 나라가 어디 하나라도 있는지! 나라의 군대가 강하면 강할수록 오래오래 그 나라가 만세를 누릴 것 같지만, 천만에 말씀! 단단하고 굳어진 것들이 많아질수록 '죽음'이 가깝다는 증거일 뿐이란다. 세상 이치가 그런 거야. 새로 태어난 부드러운 나무보다 오래되어 단단해진 고목일수록 죽음에 가깝지 않니? 그래서 노자는 아까 말 뒤에 이렇게 덧붙였지. "그런즉 군대가 강하면 이기지 못한다〔是以兵强則不勝〕."

요즘은 어떠냐? 똑같은 세상이지. '평화'를 위해 더 많은 군대를 키우고 이제는 남의 나랏일에까지 군대를 보내 해결하겠다고 저마다 나서는 판 아니냐? 노자는 빤한 진리를 코앞에 두고 너무나도 엉뚱한 길을 고집하는 어리석은 인간에게 이미 상식에서 멀어져버린 '상식'을 간절히 일러준 거야.

교회가 그리스도의 몸이란 말은, 생명의 부드러움과 약함이 지닌 무서운 힘을 세상에 발휘하여 강한 것들을 무너뜨리는, 살아 있는 공동체라는 그런 뜻 아니겠니? 예수님 말씀을 들어보렴.

> 누구든지 네 오른편 뺨을 치거든 왼편도 돌려 대며 또 너를 고발하여 속옷을 가지고자 하는 자에게 겉옷까지도 가지게 하며 또 누구든지 너로 억지

로 오 리를 가게 하거든 그 사람과 십 리를 동행하고(마태복음 5:39~41)

무슨 말씀일까? 아마도 이 말씀만큼 많은 오해를 낳고 나아가 아예 외면당하기까지 한 예수님 말씀도 드물 게다. 어떤 사람은, 그건 우리가 이 세상에 사는 동안 그렇게 하라고 주신 명령이 아니라 나중에 하늘나라에서 통할 규범을 미리 말씀하신 것이라고 궁색한 설명을 하더라. 만일 그렇다면 하늘나라에서도 남의 뺨을 치고 억지로 옷을 빼앗는 일이 일어난단 말이냐? 웃기는 소리지.

예수님이 이 말씀을 하실 때, 실제로 그런 일이 자주 발생하고 있었다는 사실을 기억할 필요가 있어. 그러니 이 말씀은 무슨 뜬구름 잡자는 말이 아니라 당장 그렇게 억울한 일을 당하는 사람들의 절실한 현실 문제를 정면에서 풀어나가려는 무서운 의지가 숨어 있는 말씀인 게야. 이건 비굴한 패배자의 체념을 부추기는 그런 말일 수도 없어. 그렇다면 예수님은 자기가 먼저 정신분열증에 걸려 미치고 말았을 테니까.

그렇다면 뭘까? 오른뺨 치는 자에게 왼뺨을 내밀라는 이 말씀은 무슨 뜻일까?

여기서 다시 한 번 노자 할아버지의 말을 들어보자. "세상에 물보다 더 부드럽고 무른 것은 없다. 그러나 단단하고 굳센 것을 치는 데는 물을 앞설 만한 것이 없으니 아무것으로도 물을 대신할 수가 없다. 그러므로 부드러운 것이 굳센 것을 이기고 약한 것이 강한 것을 이김을 세상에 모를 사람 없으나 그대로 하는 자 또한 없다〔天下莫柔弱於水, 而攻堅强者莫之能先, 以其無以易之. 故柔之勝剛, 弱之勝强, 天下莫不知, 莫能行〕."

다석(多夕) 유영모 선생님은 이 대목을 풀면서 이렇게 말씀하셨지.

> 노자와 예수의 생각이 이렇게 같을 수가 없다. …… 예수 그리스도의 정신이 물이라면 이 물이 부딪친 바위는 로마제국이라는 정치제도와 유대교라는 종교조직이었다. …… 예수가 십자가에서 외친 것처럼 마침내 이겼다.

이유 없이 오른뺨을 치는 로마제국의 그 단단하고 강함을, 십자가에 못 박혀 "저들의 죄를 용서하소서" 기도하는 예수님의 부드러움과 약함이 마침내 이겼다는 말 아니겠니? 그러니 왼뺨을 돌려대라느니 십 리를 가 주고 겉옷까지 벗어주라느니 하는 예수님 말씀은 패배자의 체념을 말하신 것도 아니요, 이 세상 아닌 다른 어떤 세상의 윤리 규범을 말씀하신 것은 더욱 아니고, 강한 것 굳센 것을 숭상하는 이 세상을 약한 것 부드러운 것으로 이기라는, 세상 사람들 모두 알면서도 그대로 가지 않는 길을 너희는 걸으라는, 그런 격려의 말씀으로 알아들어야 할 게다.

말이 많이 빗나갔구나. 아무튼 사람이든 나무든 살아 있는 것은 부드럽고 약한 반면 죽은 것 또는 죽음에 가까운 것일수록 단단하고 강하다는 상식을 지금까지 길게 얘기한 셈인데, 세상은 오히려 갈수록 강하고 단단한 것만 좋아하고 교회에서까지 그런 주장들을 하고 있으니 참으로 딱한 일이 아닐 수 없다.

돈도 군대도 없는 예수

예수님은 노자가 말한 '물'처럼 지극한 부드러움으로 세상의 강한 것들을 무너뜨린 그런 분이시란다. 세상은 돈이 힘이라고 하지. 권력도 힘이고 물론 군대도 힘이지. 예수님이 그런 세속의 강한 힘을 어디 단 하나라도 지니셨더냐? 없었지. 돈도 없고 권력도 없고 군대도 없고……. 도무지 어디 한 군데 강한 모습이라곤 찾아볼 수 없는 '알몸 예수' 그분이 눈에 보이지도 않는 말씀과 사랑의 힘으로 철옹성같이 단단하던 유대교와 로마제국의 장벽을 무너뜨리셨단 말이야.

그리스도의 몸인 교회는 오늘도 자신의 나약함으로 세상의 강한 힘들을 굴복시켜 나가야 해. 그게 교회의 참모습인 게야.

돈만 있으면 안 되는 일 없는 세상이라 해서 교회까지 돈의 힘으로 무슨 일을 하려고 한다면, 그런 교회는 대단한 '힘'을 발휘하여 온갖 기적과 놀라운 일을 이룰 수도 있겠지만, 그러나 '그리스도의 몸'인 참교회와는 거리가 멀다고 하지 않을 수 없구나. 예수님의 일을 함께하는 것이 아니라 그분의 이름을 빌려 자기네 욕심을 채우는 그런 교회 아닌 교회들이 나타날 것을 미리 아시고 예수님은 아마도 그렇게 말씀하셨을 게다.

> 나더러 주여 주여 하는 자마다 다 천국에 들어갈 것이 아니요 다만 하늘에 계신 내 아버지의 뜻대로 행하는 자라야 들어가리라 그 날에 많은 사람이 나더러 이르되 주여 주여 우리가 주의 이름으로 선지자 노릇 하며 주의 이름으로 귀신을 쫓아 내며 주의 이름으로 많은 권능을 행하지 아니하였나

이까 하리니 그 때에 내가 그들에게 밝히 말하되 내가 너희를 도무지 알지
못하니 불법을 행하는 자들아 내게서 떠나가라 하리라(마태복음 7:21
~23)

어떤 교회에서는 새 사람을 데리고 나온 신자에게 오천 원씩 준다고
하더라. 그리고 그 사람이 '신자' 로 등록까지 하게 되면 돈을 더 준대. 총
동원주일이라고 해서 그날에는 교회에 오는 모든 사람에게 얼마씩 돈을
주는 그런 교회도 있다는 얘길 들었어.

─설마, 그런 교회가 있을까요?

─아니야, 나도 그런 얘기 들었어. 학교 친구가 그러는데 대구에 있는
어느 교회에서는 점심 값에 교통비까지 줬대.

─정말?

어쩌다가 그 지경까지 갔는지 모르겠구나. 가슴 아픈 일이야. 하나님의
양을 돈 주고 사려 하다니! 그러면서도 찬양 시간만 되면 온통 박수를 쳐
대며 "은과 금 나 없어도 내게 있는 것 네게 주니……" 목청이 터져라 노
래를 부르겠지. 내 가슴이 이렇게 아프고 저린데 예수님은 오죽하실까?

그러나 어떡하겠니? 세상에는 언제나 가짜가 있는 법! 교회라고 해서
어찌 가짜 교회, 병든 교회가 없겠어? 그러니 너희는 정신을 바짝 차려야
해. 그리스도의 몸인 교회는 그 어떤 이유와 명분으로도 그리스도의 법을
벗어나서는 안 되는 거야. 그리스도의 뜻만이 살아서 움직이는 교회, 그
분의 방법으로만 일하는 교회, 그리하여 마침내 그리스도 그분으로 하여
금 세상에 살아 있게 하는 그런 교회가 참된 교회란다.

보이는 교회, 보이지 않는 교회

'살아 있는' 교회의 모습을 여러 가지로 그려 볼 수 있겠지만 시간도 많이 가고 했으니 한두 가지만 더 생각해보기로 하자.

첫째, 살아 있는 몸은 성장한다. 맞지?

—예.

그런데 성장에는 하나님이 정하신 법칙이 있어. 그게 뭐냐 하면, 겉에서 속으로 크지 않고 반드시 속에서 겉으로 커간다는 거야. 씨앗 하나가 땅에 떨어져 뿌리를 내리고 싹을 틔우면 성장이 시작된 것인데 그 성장의 방향은 언제나 '속에서 겉으로'지, 겉에서 속으로 클 수는 없어. 병아리가 알 속에서 껍질을 깨고 밖으로 나오게 돼 있지, 밖에서 알 속으로 들어가는 그런 식의 성장이란 생각조차 할 수 없는 거야. 살아 있는 몸인 교회의 성장도 마찬가지란다. 반드시 속에서 겉으로 커야 해. 겉에서 속으로 성장할 수는 없어.

—속에서 겉으로 큰다는 말은 무슨 뜻인지 짐작이 가는데 겉에서 속으로 큰다는 말은 무슨 말인지 잘 모르겠어요.

모를 수밖에. 그런 일은 세상에 없으니까. 그런데도 굳이 그런 엉터리 없는 말을 하는 이유는, 있을 수도 없는 그런 일을 시도하려는 교회들의 모습이 보이기 때문이야.

'속에서 겉으로' 란 말을 바꾸면 '속을 먼저, 겉을 나중에' 라고 할 수 있어. 속은 보이지 않는 부분이고 겉은 눈에 잘 보이는 부분이지. 물론 겉과

속이 서로 떨어진 별개의 것은 아니야. 그러나 모든 사물은 우리 눈에 보이는 부분이 있고 보이지 않는 부분이 있게 마련이지. 교회도 마찬가지야. 우리 눈에 보이는 교회가 있는가 하면 보이지 않는 교회도 있어. 보이는 교회가 제도, 기구, 법 따위로 이루어져 있다면 보이지 않는 교회를 이루는 것은 사랑, 봉사, 믿음 뭐 그런 것들이겠지. 교회는 속에서 사랑과 믿음이 충만하여 겉으로 제도와 기구를 갖춘 모습으로 드러나는 거야. 그런데 거꾸로 겉을 먼저 만들고 속을 채우려는 그런 모습을 가끔 보게 되는구나. 그건 안 된다는 얘기야. 혹시 벽돌로 짓는 건물은 그렇게 지을 수 있을지 모르나 살아 있는 몸인 교회를 그렇게 세울 수는 없단다. 생명의 법칙에 어긋나는 일이거든. 생명은 반드시 속에서 겉으로, 자연스럽게, 스스로 자라게 돼 있어. 크는 것을 속으로 도울 수는 있지만 겉으로 도울 수는 없단다.

　_속으로 돕는 건 뭐고 겉으로 돕는 건 뭐예요?

　미안하다. 자꾸만 말이 어려워지는구나. 속으로 돕는다는 건, 예를 들면, 밭에 거름을 주어서 채소가 스스로 잘 자라게 하는 것이고 겉으로 돕는다는 건, 『맹자(孟子)』에 나오는 어리석은 사람처럼, 모가 빨리 크도록 도와준답시고 위에서 잡아당겨 뿌리를 뽑아버리는 것이야. 그런 식으로 생명을 겉에서 키울 수는 없단 말이다. 이젠 알겠니?

　교회가 먼저 안으로 사랑과 믿음과 섬김이 충만하도록 애를 쓰면, 그렇게 해서 '보이지 않는 교회'가 크는 만큼 겉으로 드러나 '보이는 교회'가 저절로 커지는, 이것이 올바른 교회의 성장이란다. 그런데 가끔 이 순서를 거꾸로 하여 안으로 '보이지 않는 교회'야 어찌 되었든 겉으로 '보이는 교회'부터 키우려고 전도한 사람에게 일당을 주듯 돈을 주는 그런 한심한 짓까지 서슴지 않는 교회를 보게 되는구나.

생명의 성장은 그렇게 겉모습부터 가꾸고 속을 채우는 식으로 이루어지지 않아. 언제나 '속에서 겉으로!' 이것이 생명의 화살표란다.

무한한 성장?

　　　　　🜚 둘째, 살아 있는 몸은 성장하되 일정한 한계가 있다. 무한정 크지는 않는다. 무슨 말인지 알겠니?

―알아요.

사람 키도 2미터, 3미터, 4미터 마냥 크지는 않지. 나무도 풀도 모두 그래. 그게 생명의 법칙이야. 그런데 어떤 교회는 이 법칙을 무시하고 그냥 자꾸만 크고 또 크고 계속 크려고 한단다. '그리스도의 몸'인 교회는 그런 식으로 크는 게 아니야. 만일 예루살렘 모교회(母敎會)가 그런 식으로 크려고 했다면 어떻게 됐겠니? 오늘 전 세계에 흩어져서 자라고 있는 교회의 모습을 볼 수 없겠지. 그 대신 주일마다 전 세계 교인이 비행기 전세 내어 예루살렘 모교회로 예배하러 가겠지. 이건 누구나 다 아는 상식인데 이 상식을 무시하고 자꾸 저 혼자서만 크려고 하는 교회가 있어서 딱하다는 얘기야. 어때? 너희들 눈에도 그런 교회가 보이지?

―그런 것 같아요.

"그런 것 같아요"가 아니라 그렇지 뭐. 그게 바로 병든 교회야. 건강한 사람은 클 만큼 큰 다음 더는 자기 몸을 키우지 않고 다른 식으로 성장을 계속하지.

_어떻게요?

시집 장가가서 아이를 낳는 거야. 그렇게 성장을 계속하는 거지. 생명의 법칙이 바로 그런 것이거든. 교회도 클 만큼 큰 다음에는 자식을 낳듯이 분가(分家)를 하는 거야. 충주에서만 봐도 아버지가 중학생일 때에는 감리교회가 하나밖에 없었단다. 충주제일감리교회가 그 교회인데, 거기서 서부교회, 남부교회, 동부교회, 북부교회가 모두 분가를 했지. 그게 정상적인 교회 성장이야. 그런데 요즘에는 한 교회가 천 명, 만 명, 십만 명…… 끝도 없이 커지려고만 하는구나. 그리고 더욱 한심한 건 그렇게 무지무지 커가는 교회가 '모범 교회'로 둔갑하여 교회마다 그런 식으로 성장, 성장, 오직 성장만을 목표로 삼는 듯한 현실이야. '그리스도의 몸'은 그렇게 자라는 게 아니란다. 그런 잘못된 성장을 뒷받침해주고 있는 게 '개교회 중심 사상'이라는 건데, 개교회 중심 사상이야말로 참교회를 병들게 하는 아주 그릇된 생각이야. 모든 개교회는 이 세상에 하나뿐인 그리스도의 교회를 이루는 세포와 같은 존재란다. 만일 어떤 세포가 전체 몸의 건강에는 아랑곳하지 않고 저 혼자서만 자꾸 커지려고 한다면, 그런 세포를 일컬어 암세포라고 하지. 바로 그 암세포 때문에 전체 몸이 죽는 수도 있어.

그러나 세상에 아무리 그런 암세포 교회가 많이 있다 해도 그 때문에 그리스도의 몸인 교회가 죽지는 않을 게다. 아버지는 그걸 확신해. 왜냐하면, 교회는 누가 뭐래도 그리스도의 것이고 그리스도는 천지창조 이전부터 영원토록 살아 계신 분이니까. 그리스도의 몸인 교회에 그 따위 암세포를 물리칠 힘은 언제나 넉넉하거든. 따라서 하늘 높은 줄 모르고 성장에 성장을 거듭하는 '개교회'는 조금도 부러워할 대상이 아니며 또 두려워할 대상도 아니란다. 우리가 두려워할 것은, 내가 몸담고 있는 교회가 혹시 '그리스도의 몸'과는 거리가 먼 교회로 존재하는 건 아닌지, 바로 그 점이야. 아버지가 보기에는 적어도 한국의 개신교회에서 장로교니 감리교니 성결교니 하는 여러 교파의 전통적인 특색을 찾아보기는 이제 어려운 시점에 온 것 같구나. 그 대신 '개교회주의'라는 함정에 빠져 맹목적인 자기 교회의 성장을 추구하는 교회와, '그리스도의 몸'이 되어 교회 안팎에서 진행되는 '하나님 선교(misssio Dei)'에 적극 참여코자 애쓰는 교회로 양분(兩分)되고 있지 않는가, 하는 생각이다.

먹고 일하고

                자, 그러면 교회가 '살아 있다'는 게 무엇을 뜻하는지 이제껏 생각해봤으니 끝으로 어떻게 하면 그렇게 건강한 교회로 바람직한 성장을 계속할 수 있겠는지 그 방법을 알아보기로 하자. 우리가 건강한 몸을 유지하려면 어떻게 해야 할까?

    ＿운동을 해야지요.
    ＿영양을 섭취해야지요.

    옳은 말이다. 운동을 해야 건강해지지. 그러나 먼저 충분한 영양을 섭취해야 운동도 할 수 있지 않겠니? 속으로 건강해야 겉으로도 건강한 거니까.

교회가 섭취할 영양이란 무엇이겠니?

―하나님 말씀이요.

그렇지. 사람은 떡으로만 살 수 없고 하나님 입에서 나오는 말씀을 먹어야 산다고 예수님도 그러셨어. 교회는 무엇보다도 말씀을 넉넉하게 먹어야 해. 성경 공부를 잘 해야 한다는 말이다. 성경을 머리로 아는 지식으로만 공부해서는 곤란하다는 얘기, 전에 한 적이 있지? 한스 베버(Hans Weber)라는 스위스 신학자가 있는데 그분이 말씀하시기를 성경은 머리, 가슴, 손발로 읽어야 한다고 하셨어. 무슨 말이냐 하면, 우선 성경 말씀이 무엇을 뜻하는지 머리로 이해를 해야 하고 그 다음에는 가슴으로 느껴야 한다는 거야. 성경 공부를 하고 나서 새로 알게 된 것은 많은데 가슴이 뜨거워진다거나 눈물이 흐른다거나 하는 감정의 변화를 느끼지 못한다면 다만 머릿속에 지식을 쌓아둔 결과밖에 아무것도 아니라는 말이지. 그런 식으로는 아무리 많은 성경 지식을 쌓아도 성경 박사는 될 수 있을는지 모르나 삶에 변화를 일으킬 수는 없어. 성경 퀴즈대회에 입상하려고 성경 공부를 하는 건 아니잖니? 한 걸음 더 나아가 베버 박사는 가슴만 가지고도 안 된다는 거야. 성경을 손발로 읽으래. 손발로 성경을 읽는다는 게 뭐겠어? 말씀을 배운 대로 실천에 옮겨보라는 거지. 그래야 몸으로 진리를 배울 수 있거든. 머리로 이해하고 가슴으로 느끼고 손발로 실천해보는 성경 공부, 그런 공부를 교회는 한순간도 게을리 해서는 안 되는 거야. 숨을 안 쉬면 곧장 죽는 게 몸이야. 숨 쉬듯 성경을 공부하는 그런 교회가 돼야 해.

한편, 잔뜩 먹기만 하고 운동을 하지 않으면 살만 뚱뚱 쪄서 결국 죽고 말겠지? 그러니 교회는 일을 해야 하는 거야. 일이 곧 운동이거든. 에어로빅 댄스나 골프 따위 운동이 아니라, 부지런히 노동을 해서 그것이 저절로 운동이 되는 그런 삶의 모습이 얼마나 아름답냐? 아버지는 살이 찌지 않는 체질이라서 다행이다만 뚱보 목사님들이 살을 빼려고 사우나탕이라는 델 드나드는 모습을 보면 딱하기도 하고 안돼 보이기도 하더라. 이런 말 함부로 하는 건 아니지만, 사우나탕에서 땀을 빼느니 그 시간에 자동차 대신 자전거를 타거나 걸어다닌다면 저절로 땀도 빠지고 살도 빠질 텐데 왜들 저러실까 하는 생각도 들고.

집에서 기르는 가축들 말고 산에서 들에서 자연의 법에 따라 살아가는 짐승들 가운데 비만증에 걸린 짐승 본 적이 있니? 아마 '비만증'이라는 병을 앓는 동물은 인간밖에 없을 게다. 사람은 저만 비만증을 앓는 게 아니라 소, 돼지, 닭 같은 가축도 똑같은 병을 앓게 하고, 심지어 토마토, 사과, 딸기 같은 식물까지도 잔뜩 비만증을 만들어놓고는 좋다고들 하지! 아무리 봐도 사람은 지구상에 있는 유일한 괴물이구나!

알맞은 일을 함으로써 몸은 건강해지는 거야. 교회도 마찬가지지. 오늘 한국 교회는 무엇보다도 먹기만 하고 쌓아두기만 하는 데서 오는 '비만증'을 경계해야 할 게다. 좋고 좋은 하나님 말씀이지만 먹기만 하고(공부만 하고) 그대로 실천에 옮기지 않는다면 오히려 우리 몸을 해치는 독(毒)이 되는 수가 있어. 아버지는 그런 사람과 그런 교회 많이 봤단다. 성경 말씀, 하면 무슨 책 몇 장 몇 절 막힘없이 따르르 외는데 그 살아가는 모습을 보면 도무지 그리스도의 뜻하고 거리가 멀어. 그런 사람에게는 성경을 아는 지식이 오히려 자신을 멸망하게 하는 덫일 뿐이야. 딱한 일이지. 그런 지식은 차라리 없는 게 나아.

성경에 대한 지식 따로 생활 따로인 사람들(바리새인들)에게 예수님이 뭐라고 하셨니?

> 너희가 맹인이 되었더라면 죄가 없으려니와 본다고 하니 너희 죄가 그대로 있느니라(요한복음 9:41)

오늘은 이만 하고, 내일 다시 만나자. 내일은 바람직한 교회, 참된 교회의 모형(model)인 '초대교회'에 대하여 생각해볼까 해.

아홉 번째 강의

반기를 든 사람들

이 세상을 떠나서는 교회가 설 곳이 없어. 아마 하나님 나라에 가보면 거기에는 교회가 없을 게다. 교회라는 모임이 따로 있을 필요가 없으니까.

❦

　　　　　오늘은 어디 한번 '초대교회'로 돌아가볼까? 그러기 전에 우리가 지금 왜 초대교회로 돌아가봐야 하는지, 그 이유부터 알아보기로 하자.

　__초대교회가 뭔데요?

　아차, 그 얘기부터 해야겠구나, 초대교회(初代敎會)라고 하면 생각나는 게 없니?

　__원시 교회요?

　원시 교회라니?

　__맨 처음 설립된 교회 말예요.

　그래, 그런 뜻도 들어 있겠지. 사실 초대교회가 무엇이냐, 어디서부터 '교회'가 시작되었다고 보느냐, 이런 문제는 아직도 교회 역사가들이나 신학자들 사이에 논쟁거리란다. 아버지는 그 방면에 별로 아는 게 없어서 자세히 설명해줄 수 없다만, 대충 얘기하면 예수님이 살아 계시는 동안 열두 사람을 따로 불러 제자로 삼으셨는데 그 일행이 바로 교회의 시작이라고 생각하는 사람이 있고, 오순절 마가의 다락방에서 성령을 받은 신도들이 베드로 사도를 중심으로 예루살렘에서 시작한 생활공동체가 바로 첫 번째 교회였다고 주장하는 이들도 있는 모양이더라.

아버지 생각에는 위의 두 주장이 모두 옳다고 봐. 그들이 생각하는 '교회'라는 개념의 내용이 서로 다르면 그렇게 다른 주장이 나올 수 있는 것이거든. 지난번 시간에 말했던 '보이지 않는 교회'를 '교회'라고 부른다면 예수님 주변에 제자들이 모인 것으로 교회가 시작되었다고 볼 수 있을 것이고, 그래도 그 '보이지 않는 교회'가 드디어 겉으로 형체를 드러내어 기구와 제도를 갖춘 '보이는 교회'로 되어야 비로소 '교회'라는 이름을 붙여줄 수 있다고 생각한다면 오순절 체험 이후에 교회가 시작되었다고 말할 수 있겠지.

―그럼 두 주장이 다 옳다는 거예요?

그렇지.

―그래도 아버지가 생각하시는 초대교회는 있을 거 아녜요?

있지.

―어느 쪽이어요?

나는 예수님이 제자들을 불러 함께 일을 시작하셨을 때 이미 교회가 시작되었다고 보는 쪽이야. 그러나 오순절 성령 체험 이후 사도를 중심으로 모인 예루살렘 교회가 교회사(史)의 첫 장을 장식해야 한다는 주장도 틀렸다고는 보지 않는다. 내가 이렇게 생각한다고 해서 저 사람이 저렇게 생각하는 것은 무조건 틀렸다고 말해서는 안 되는 거야. 또 그럴 수도 없는 일이고.

다만 이 문제에 대해서 나는 이렇게 생각해. 사람이 태어나면 나이를 먹는데 나이 계산법이 동양과 서양에서 각각 다르다는 건 알고 있겠지? 우리나라에서는 태어나면 벌써 한 살인데 서양에서는 태어난 뒤 1년이 지나야 한 살이야. 그러니까 우리가 '만으로 몇 살'이라고 하는 그 나이가 바로 서양 나이지. 왜 이렇게 계산법이 다르냐 하면 우리나라에서는 태어나기 전 10개월간 엄마 뱃속에 있을 때부터 나이를 계산하는데 서양에서는 으앙, 하고 태어나는 그 순간부터 계산하거든. 그래서 약 1년의 차이가 나는 거야. 물론 어느 한쪽만이 옳은 계산법이라고 주장하기는 어렵지만, 각자 자기의 계산법을 가지고 계산할 수는 있지 않겠니? 나는 우리 동양 사람이 나이를 계산하는 방법으로 교회의 나이도 계산해야 한다고 보는 거야. 비록 아직 세상 밖에 모습을 드러내지는 않았지만 뱃속에 있는 아기도 사람인 것만은 틀림없으니까, 엄마의 난자와 아빠의 정자가 딱 만나서 하나로 되는 순간 현미경으로나 봐야 보일까 말까 하는 그 작은 알(卵)이 이미 '사람'인 거야. 그런 식으로 교회를 본다면 예수님이 처음으로 시몬과 안드레를 불러 "나를 따르라"고 하셨을 때 이미 '교회'는 시작되었다고 봐야 하지 않겠니? 다만, 아까도 말했지만, 예루살렘에서 사도들을 중심으로 하여 생활공동체가 꾸며졌을 때, 지금껏 엄마 뱃속에 들어 있던 '교회'가 비로소 세상에 "태어났다"고 말해도 틀린 말은 아니지. 그래서 두 주장이 다 옳다고 한 거야.

왜 초대교회를 돌아보는가?

자, 그럼 처음 얘기로 돌아가자. 초대교회를 예수님과 그 일행으로 생각하든 오순절 이후 예루살렘 생활공동체로 생각하든 지금 우리가 초대교회로 되돌아가 보려는 이유는 무엇일까? 그것은 항해하는 사람이 저 북극성을 바라보는 것과 비슷해. 북극성은 움직이지 않는 별이지. 그것을 바라봄으로써 항해자는 자신의 위치와 방향을 알 수 있는 거야. 우리가 초대교회로 되돌아가 본다고 해서 실제로 초대교회로 돌아갈 수는 없어. 세상 없어도 우리가 이천 년 전 유대 땅에 세워졌던 그 '모임'으로 돌아갈 수는 없는 일이야. 그건 불가능해. 어떤 이들은 초대교회로 돌아가 그때 신자들이 했듯이 공동생활을 하고 그들처럼 똑같이 살아야 한다고 주장하며 또 그렇게 실천하려고 애를 쓰기도 하는가 보더라만, 그 '시도'는 아름답고 기특하다 해도 실제로 그렇게 '옛날'로 돌아갈 수는 없는 일이란다. 모르지. '타임머신'이나 타고 그때 그 시절로 돌아간다면 그럴 수 있겠지만.

오늘 우리가 '초대교회'를 되돌아보는 것은 우리의 현주소가 과연 제대로 있을 곳에 있는지, 우리의 방향이 혹시 비뚤어지지는 않았는지, 그런 걸 알아보기 위해서야.

─그럼, 이제 그 초대교회로 돌아가 봅시다, 아버지.

좋소, 그래 봅시다. 슬기 씨! 우선 예수님이 제자들을 불러 '일행'을 만드시는 대목부터 읽어봅시다. 마태복음 10장 1절부터 10절까진데 누가 읽으실까요?

__예수께서 그의 열두 제자를 부르사 더러운 귀신을 쫓아내며 모든 병과 모든 약한 것을 고치는 권능을 주시니라 열두 사도의 이름은 이러하니 베드로라 하는 시몬을 비롯하여 그의 형제 안드레와 세베대의 아들 야고보와 그의 형제 요한, 빌립과 바돌로매, 도마와 세리 마태, 알패오의 아들 야고보와 다대오, 가나나인 시몬 및 가룟 유다 곧 예수를 판 자라 예수께서 이 열둘을 내보내시며 명하여 이르시되 이방인의 길로도 가지 말고 사마리아인의 고을에도 들어가지 말고 오히려 이스라엘 집의 잃어버린 양에게로 가라 가면서 전파하여 말하되 천국이 가까이 왔다 하고 병든 자를 고치며 죽은 자를 살리며 나병환자를 깨끗하게 하며 귀신을 쫓아내되 너희가 거저 받았으니 거저 주라 너희 전대에 금이나 은이나 동을 가지지 말고 여행을 위하여 배낭이나 두 벌 옷이나 신이나 지팡이를 가지지 말라 이는 일꾼이 자기의 먹을 것 받는 것이 마땅함이라

됐어. 우선 거기까지만 읽고 함께 생각해보자. 뭐, 물어보고 싶은 것 있니?

__왜 하필 열두 제자예요? 열이나 스물이나 서른이 아니고?

이스라엘 사람들은 열둘이라는 숫자에 특별한 뜻을 두었어. 그들에게 '12'라는 숫자는 모자라지 않는 '완전'을 의미한단다. 그래서 '이스라엘 열두 지파'라고 하면 모든 이스라엘 백성을 가리키는 거야. 예수님이 제자를 열둘 두셨다는 것은, 꼭 열두 명만 제자로 두셨다는 게 아니라 전체 이스라엘을 대표하는 제자를 두셨다는, 그러니까 모든 이스라엘 백성이 예수님의 제자가 되었다는 그런 뜻을 암시한다고 보면 돼.

__그럼 여기 나온 명단 말고 예수님 제자가 더 있었다고 봐도 돼요?

되지. 열둘이라는 숫자를 맞추느라고 명단에 들이지는 못했지만 예수님을 따르며 그 일을 도와드린 사람이 더 있었다고 보는 게 타당하지 않겠니? 막달라 여자 마리아를 비롯하여 요안나, 수산나 같은 여자들이 자기네 재산을 바쳐 예수님을 도와드렸다는 기록(누가복음 8:1~3)도 있고 또 열두 제자를 포함했는지 아니면 따로 뽑으셨는지는 모르나 아무튼 제자를 72명 뽑아서 둘씩 짝지어 마을에 내보내셨다는 기록(누가복음 10:1~12)도 있거든. 그러니 열둘이라는 숫자에 얽매여 예수님 제자는 꼭 열두 명이었다고만 생각할 필요는 없어.

또 물어볼 것 있니?

─…….

좋아. 그럼 이번에는 내가 물어볼게. 예수님이 열두 제자를 부르셨다고 했는데 왜, 무슨 목적으로 그들을 부르셨지? 그 점을 마태가 어떻게 증언하고 있는지 잘 살펴보고 대답해보렴.

교회의 목적

─악령들을 쫓아내고 병자와 허약한 사람들을 고쳐주시려고요.

─하늘나라가 왔다고 선포하고 앓는 사람은 고쳐주고 나병 환자도 고쳐주고 마귀는 쫓아내고…….

그러니까 간추리면 악령을 쫓아내고, 질병을 고쳐주고, 하늘나라를 선포하라는 세 가지로 요약할 수 있겠구나?

—예.

좋아. 그럼 같은 대목을 마가는 어떻게 증언하는지 보자. 마가복음 3장 13절에서 15절까지를 기림이가 읽어볼까?

—또 산에 오르사 자기가 원하는 자들을 부르시니 나아온지라 이에 열둘을 세우셨으니 이는 자기와 함께 있게 하시고 또 보내사 전도도 하며 귀신을 내쫓는 권능도 가지게 하려 하심이러라

여기서는 말씀을 전하고 마귀를 쫓아내는 두 가지로 요약했구나. 결국 마가와 마태를 종합하면 말씀을 전하고 마귀를 쫓아내는 것은 같은데, 마태는 거기에다가 병 고치는 것을 보탠 셈이지?

—예.

마귀를 추방하고 병을 고쳐주는 것이 무엇을 뜻하는지는 지난번 신학강의에서 얘기했으니 오늘 다시 되풀이하지는 않겠다.

—다 까먹었어요.

당연하지. 그래도 그 내용이 책에 있으니까(『예수의 삶과 길』-젊은 세대를 위한 신학 강의 1) 그걸 참조하도록 해. 오늘은 말씀을 전파하는 문제만 잠깐 얘기해보기로 하자. 마가는 그냥 '말씀'을 전하라고 했는데 마태는 "전파하여 말하되 천국이 가까이 왔다 하고"라고, 좀더 자세한 기록을 남겼구나.

천국이란 머리 위 허공 어디에 있는 나라가 아니라, 하나님의 통치가 완전하게 이루어지는 나라라는 얘기는 들어서 알고 있겠지? 그 나라가 다가왔다고 선포하라는 명령은 입으로 아나운서가 말하듯 말만 하고 말

라는 뜻이 아니란다. 말로 "여자를 차별하지 마시오" 하면서 실제로는 여자를 차별한다면 그건 결코 참된 '말'이 아니거든. 예수님한테는 '말'이 곧 '삶'이었어. 따라서 말도 물론 해야겠지만, 예수님이 명령하신 것은 오히려 천국의 법에 따라 살아가라는 거야. 입이 아니라 몸으로, 매일의 삶으로, 천국을 선포하라는 그런 말씀이지.

그러니까 예수님이 맨 처음 '교회'를 만드시고 그 교회에 주신 일거리는, 이제부터 너희는 이 세상에 살되 이 세상 사람이 아니라 천국 백성으로 살면서 너희만 그렇게 살지 말고 다른 사람들도 그렇게 살 수 있도록 이끌어주며 그런 세상을 만들어가라는 것이었어. 세상에 살면서 세상 사람이 아니라 하늘나라 사람으로 살라는 말은, 이 세상에 살되 세상의 법이 아니라 하나님의 법에 따라 살라는 그런 뜻이 된다. 달리 말하면, 세상에 살되 세상에 속하지 않는 삶을 살아가라는 말이지. 예수님이 십자가에 달리시기 전 하나님께 기도드릴 때 뭐라고 하셨는지 들어보렴.

> ……내가 아버지의 말씀을 그들에게 주었사오매 세상이 그들을 미워하였사오니 이는 내가 세상에 속하지 아니함 같이 그들도 세상에 속하지 아니함으로 인함이니이다 내가 비옵는 것은 그들을 세상에서 데려가시기를 위함이 아니요 다만 악에 빠지지 않게 보전하시기를 위함이니이다 내가 세상에 속하지 아니함 같이 그들도 세상에 속하지 아니하였사옵나이다 그들을 진리로 거룩하게 하옵소서 아버지의 말씀은 진리니이다 아버지께서 나를 세상에 보내신 것 같이 나도 그들을 세상에 보내었고 또 그들을 위하여 내가 나를 거룩하게 하오니 이는 그들도 진리로 거룩함을 얻게 하려 함

이니이다(요한복음 17:14~19)

예수님은 분명 제자들과 함께 이 세상을 사셨지만 그러나 이 세상의 아들이 아니라 세상을 만드신 아버지 하나님의 아들로 사셨단다. 교회도 마찬가지야. 이 세상을 떠나서는 교회가 설 곳이 없어. 아마 하나님 나라에 가보면 거기에는 교회가 없을 게다. 교회라는 모임이 따로 있을 필요가 없으니까. 교회는 세상 때문에, 세상 안에 있는 모임이야. 세상을 등지면 십자가도 교회도 보이지 않겠지. "세상 등지고 십자가 보네"라는 복음송 가사가 있는데, 세상의 헛된 것들을 보지 않고 십자가를 보겠다는 뜻으로 읽어야지, 만일 세상 그 자체를 등지겠다는 뜻으로 읽는다면 우선 말이 안 되는 소리야. 세상 한복판에 서 있는 게 십자가요 교회거든.

그러나 교회는 비록 세상 안에(in the world) 있지만 세상의 것(of the world)이 아니란다. 세상 돌아가는 원리를 따라 존재하는 모임이 아니라 하나님(하늘)의 법도를 좇아서 살아가는 모임이란 뜻이야. 그렇게 살아가는 것이 바로 '천국을 선포하는 일'이지. 따라서 말만 그럴듯하게 늘어놓고 그대로 살아가지 않는다면, 아무리 많은 사람이 모여서 예수 이름을 소리 높여 외쳐도, 예수 이름으로 온갖 기적을 다 일으켜도, 미안하지만 그 모임은 아직 '교회'가 아닌 거야.

반역의 깃발 높이 들고

천국을 선포하고 마귀를 쫓아내고 병을 고치는 것, 그것은 다른 말로 하면 우리가 지금 살고 있는 이 세상을 변혁해나간다는 말이고, 세상을 이대로 유지하려는 자들의 눈에 그것은 반역의 깃발을 높이 들고 세상을 거슬러 오르는 모습으로 보일 수밖에 없겠지. 예수님은 바로 그 반역의 주모자였고 그 때문에 세상을 이대로 유지하려는 자들 손에 죽임을 당하셨던 거야. 그분은 미움을 받으실 수밖에 없었어. 따라서 교회 또한 처음부터 세상의 미움을 받게 돼 있지. 그럴 것이라고 예수님이 말씀하셨잖니?

> 세상이 너희를 미워하면 너희보다 먼저 나를 미워한 줄을 알라 너희가 세상에 속하였으면 세상이 자기의 것을 사랑할 것이나 너희는 세상에 속한 자가 아니요 도리어 내가 너희를 세상에서 택하였기 때문에 세상이 너희를 미워하느니라(요한복음 15:18~19)

_그럼, 교회는 세상 일에 간여하지 말라는 건가요?
무슨 뜻으로 하는 말이니?
_왜 있잖아요? 정치와 종교는 분리되어야 한다는 원칙 같은 거요.
말했잖니? 세상 때문에, 세상 안에 있는 것이 교회라고. 세상 일에 간여하지 않으면서 어떻게 세상 안에 있을 수 있어? 예수님 말씀은 간여하지 말라는 게 아니라 오히려 적극 간여하라는 뜻이야. 세상 일을 나 몰라라 한다면 세상이 구태여 교회를 미워할 까닭도 없잖겠니? 예수님이 십자가에 달리신 것은 세상 일을 외면하지 않고 정면으로 옹골차게 간여하셨기 때문이야. 교회도 그래야 해. 마귀를 쫓아내고 병을 고친다고 했는데 마귀 들린 사람을 직접 만나고 병자에게 손을 대지 않고서 어떻게 그런 일을 하겠어?

_그럼 종교와 정치가 분리되어야 한다는 말은 뭐예요?

그런 걸 이른바 정교분리 원칙(政敎分離原則)이라고 하는데, 처음에 그 원칙을 세운 사람들의 뜻은 중세기 가톨릭교회가 세상의 모든 일을 통제하며 왕을 세우고 내쫓고 하는 일까지 도맡아 할 때, 그것을 반대하려는 것이었어. 종교가 나라의 정치까지 맡아서 하다 보니 무엇보다도 종교 자체가 부패하게 되고 결과적으로 정치도 엉망이 되었거든. 정치도 종교도 모두 하나님의 통치 아래에서 이루어져야 하는 건데 종교가 하나님의 일을 빼앗았다고 할까? 그건 잘못이거든. 그래서 종교개혁자들이 그런 '원칙'을 내세운 거야. 이 정교분리 원칙은 오늘에도 지켜야 해. 얼마 전까지만 해도 소련에서는 공산당이라는 정치집단이 종교까지 지배하여 세우고 없애고 마음대로 했는데 결국 나라 전체가 허물어지고 말았잖니? 종교가 정치까지 도맡는 것도 잘못이지만 반대로 정치가 종교를 다스리는 것도 잘못이거든.

종교나 정치나 모두 하나님의 절대권력 아래에 있는 상대적인 힘인데 어느 것이든 절대권력을 휘두르게 되면 망하지 않을 수 없어. '정교분리 원칙'이 주장하는 것은 정치든 종교든 분수를 지켜야지 자기 한계를 뛰어넘어 절대적인 힘을 행사하려고 들면 안 된다는 거야. 이것을 오해하여 종교와 정치는 마치 별개의 영역을 따로 가지고 있는 것처럼 생각하여 정치는 종교에 간섭하지 말고 종교도 정치에 간섭하지 말라는 뜻으로 해석한다면 오해도 그런 오해가 없지. 생각해보렴. 어떤 종교의 교주가 사람들을 모아서 강제로 노동을 시키고 무기를 만들어 전쟁 준비를 하는데 정부가 그건 종교인들이 하는 일이니까 상관하지 않겠다고 팔짱 끼고 구경만 한다면 옳은 일이겠니? 반대로 어떤 독재자가 사람을 마구 학살하고 온갖 악법을 만들어 자유를 억압하는데도 종교인들이 그건 정치인들이 하는 일이니까 나 몰라라 한다면, 그게 과연 정교분리 원칙에 충실한 것일까? 천만에 말씀이지!

교회가 세상 안에 있지만 세상에 속한 것이 아니라는 말은, 정치에 상관 말라는 뜻이 아니라 오히려 적극 상관하라는 뜻이야. 이 땅에 발붙이고 사는 사람으로서 정치와 무관하게 살아갈 수 있는 사람은 없어. 모르지, 저 깊은 바다 무인도에 가서 굴을 파고 혼자서 산다면 정치 바람을 피할 수 있을까? 그러지 않는 한 누구나 이렇게든 저렇게든 정치에 간여하고 있는 거야. 전에 말했듯이 사회(집단)와 동떨어진 '개인'은 존재 자체가 불가능하거든. 문제는 '종교인이 정치에 간여할 것이냐 안 할 것이냐'가 아니라 '어떻게 간여할 것이냐' 란다. 예수님은 바로 그 방법(길, 道)을 몸소 보여주시고 가르쳐주신 거야. 왜냐하면 그 방법에 따라 사람이 사람답게 사느냐 못 사느냐가 판가름나거든. 반드시 '정치'에만 간섭하라는 건 물론 아니지.

예수님이 보여주신 길은, 그냥 두면 멸망으로 떨어질 수밖에 없는 세상의 법을 버리고 영원히 살아남는 하늘의 법을 따라 살아가는 길이란다. 그런데 그 길이 세상 법을 거역하지 않고서는 갈 수 없는 길이었다는 얘기야.

보이지 않게 시작된 혁명

◯__방금 말씀하신 그 세상 법이라는 게 헌법 같은 것을 말하는 건가요?

그렇게 문자로 되어 있는 법을 말하는 건 아니야. 물론 그것도 포함되긴 하겠지만, 여기서 말하는 법(法)이란 차라리 세상의 방식이나 길(the way)을 뜻하는 좀더 넓은 의미로 보는 게 좋겠구나. 하나님의 법과 대칭된다 할까, 반대된다 할까, 그런 의미의 법이지. 예를 들면, 하나님의 법은 지난번에 말했듯이 '전체'를 위해('이웃'을 위해) 자기를 내어주는 삶을 살아가는 것인데 세상의 법은 '자기'를 위해, 자기를 중심에 놓고 모든 것을 판단하며 이용하는 삶을 주장하는 거야. 남보다 먼저 나를 생각하는 것이 세상의 법 아니냐? 경제도 그 법에 따라 굴러가고, 그 법 때문에 전쟁도 일어나고, 나아가 종교도 문화도 모두 나부터 살고 보자는 생각을 바탕에 깔고 돌아가는데, 예수님은 그 모든 법을 뒤집어엎고 무엇보다 먼저 '아버지'(만물 안에, 만물을 꿰뚫어, 만물 위에 계시는)의 뜻을 생각하는 새로운 법을 보여주셨던 거야. 그건 분명 혁명이었어. 그러나 처음에는 눈에 잘 보이지도 않게 시작된 그런 혁명이었지.

예수님이 십자가에 달리시기 전까지 제자들과 함께 세우신 '교회'는 사실 사람들 눈에 잘 보이지도 않았단다. 제자들조차도 자기네가 지금 무엇을 하고 있는지 잘 몰랐으니까. 아무것도 뚜렷하게 보이지 않았으므로, 예수님이 돌아가시자 그들은 뿔뿔이 흩어지지 않았니?

그러나 몇몇 제자들이 부활하신 예수님을 만났다고 주장하면서 예루살렘 한구석에 모여들기 시작했어. 예수님이 예루살렘을 떠나지 말라고 하셨다는 거야. 그들이 함께 모여 예수님이 보내주시마 약속하신 성령을 기다리며 기도에 힘쓰던 어느 날, 놀라운 일이 일어났지 뭐니. 이른바 오순절 성령강림 사건이 그거야. 「사도행전」은 바로 그 사건으로부터 시작되는데 그날 그곳의 장면을 이렇게 기록했단다.

> 오순절 날이 이미 이르매 그들이 다같이 한 곳에 모였더니 홀연히 하늘로부터 급하고 강한 바람 같은 소리가 있어 그들이 앉은 온 집에 가득하며 마치 불의 혀처럼 갈라지는 것들이 그들에게 보여 각 사람 위에 하나씩 임하여 있더니 그들이 다 성령의 충만함을 받고 성령이 말하게 하심을 따라 다른 언어들로 말하기를 시작하니라(사도행전 2:1~4)

세상 밖으로 태어난 교회

정말 그런 일이 일어났느냐, 아니면 나중에 꾸며낸 이야기냐, 이런 식으로는 묻지 말자. 불꽃이 혀처럼 갈라져 내리는 일이 정말 가능한지, 아니면 그냥 그렇게 보이는 건지, 이런 식으로도 묻지 말자. 중요한 것은 그와 같은 '경험'을 통해 사람들이 바뀌었다는 사실이야. 그것만큼은 아무도 부인 못 할 사건이었어. 그리고 그것은, 여태껏 땅 속에서 꿈틀거리기만 하던 씨알이 마침내 땅거죽을 뚫고 세상 밖으로 불쑥 솟아난 그런 사건이었지. '보이지 않는' 예수님의 교회가 모든 사람의 눈에 뚜렷이 '보이는' 교회로 다시 태어난 것이었단다.

두려움으로 숨어 있던 그들이 '아침부터 술에 취한 사람처럼' 담대하게 외치며 길거리로 뛰쳐나왔어. 그것이 제도와 기구를 갖춘 '보이는 교회'의 출발이었구나.

예수님과 함께 잡혀서 죽을까봐 세 번씩이나 예수님을 모른다고 했던 겁보 베드로가 모여든 군중 앞에서 연설을 시작했지.

> 유대인들과 예루살렘에 사는 모든 사람들아 이 일을 너희로 알게 할 것이니 내 말에 귀를 기울이라 ……너희도 아는 바와 같이 하나님께서 나사렛 예수로 큰 권능과 기사와 표적을 너희 가운데서 베푸사 너희 앞에서 그를 증언하셨느니라 그가 하나님께서 정하신 뜻과 미리 아신 대로 내준 바 되었거늘 너희가 법 없는 자들의 손을 빌려 못 박아 죽였으나 하나님께서 그를 사망의 고통에서 풀어 살리셨으니 이는 그가 사망에 매여 있을 수 없었음이라 ……이스라엘 온 집은 확실히 알지니 너희가 십자가에 못 박은 이 예수를 하나님이 주와 그리스도가 되게 하셨느니라(사도행전 2:14~36)

이것이 기록에 남은 베드로의 첫 번째 설교인데 날이 갈수록 더욱 힘찬 설교를 토하는구나. 베드로만 그렇게 바뀐 게 아니야. 일찍이 예수님을 만나 그의 일행이 되어, 세상 법을 거역하며 하늘 법의 깃발을 들었던 반역의 무리가 일제히 떨쳐 일어나 당시 사회 풍습과 전통으로 볼 때 전혀 생각조차 할 수 없는 '일'을 저질렀지 뭐냐? 사도행전 2장 43~47절과 4장 32~37절에 기록된 생활공동체 건설이 바로 그거야.

> 믿는 무리가 한마음과 한뜻이 되어 모든 물건을 서로 통용하고 자기 재물을 조금이라도 자기 것이라 하는 이가 하나도 없더라 사도들이 큰 권능으로 주 예수의 부활을 증언하니 무리가 큰 은혜를 받아 그중에 가난한 사람이 없으니 이는 밭과 집이 있는 자는 팔아 그 판 것의 값을 가져다가 사도들의 발 앞에 두매 그들이 각 사람의 필요에 따라 나누어 줌이라(사도행전 4:32~35)

> 사람마다 두려워하는데 사도들로 말미암아 기사와 표적이 많이 나타나니 믿는 사람이 다 함께 있어 모든 물건을 서로 통용하고 또 재산과 소유를 팔아 각 사람의 필요에 따라 나눠 주며 날마다 마음을 같이하여 성전에 모이기를 힘쓰고 집에서 떡을 떼며 기쁨과 순전한 마음으로 음식을 먹고 하나님을 찬미하며 또 온 백성에게 칭송을 받으니 주께서 구원 받는 사람을 날마다 더하게 하시느니라(사도행전 2:43~47)

참 교회의 모델, 생활공동체

　　　　　　　🙢 네 것 내 것이 따로 없이 모든 소유를 함께 나눠 쓰며 음식과 함께 기쁨과 감사도 나누고 그래서 단 한 사람도 궁핍하지 않고 다른 모든 사람의 존경과 부러움을 사는 모임. 이것이 우리가 되돌아 볼 초대교회의 아름다운 모습이란다. 이런 생활공동체의 출현은 저마다 자기 소유를 본능처럼 챙기고 그래서 지나치게 많이 가진 부자와 아무것도 없는 가난뱅이가 대립하는 사회에 대단한 충격이었어. 그야말로 있는 자는 점점 더 배부르고 없는 자는 날마다 더 배고픈 세상에 정면으로 반기를 든 사람들의 모임이었지. 그들은 바울 사도의 말대로, 이 세상을 본받지 아니하고 마음을 새롭게 하여 하나님의 뜻이 무엇인지 분별하여 마침내 새 사람으로 변화된(로마서 12:1~2) 그런 사람들이었구나.

　그러나 예수님을 처형했던 '세상'이 그들을 그냥 둘 리 있겠니? 자기네 기반이라고 할 수 있는 종교 전통은 물론 남자와 여자의 차별이라든가 유대인과 이방인 사이의 넘어서 안 될 장벽까지 모든 것을 한꺼번에 흔들고 무너뜨리려는 그들의 머리에 곧장 박해와 탄압의 망치를 내려쳤지.

　사제들, 성전 수비대장, 사두개인들이 앞장서서 베드로와 요한을 잡아 가두는 일로 시작해 마침내 예루살렘 교회의 집사였던 스데반을 돌로 쳐 죽이고 예수님의 제자인 야고보를 칼로 잘라 죽이는 데까지 이르렀구나. 박해는 거기서 끝나지 않았어. 너희가 세상의 미움을 받으리라고 예수님이 말씀하셨던 그대로, 유대인은 유대인대로, 로마인은 로마인대로 교회를 미워하고 괴롭히는 역사가 계속되었지.

그러나 바로 그 박해가 오히려 복음을 더 널리 전파하는 데 도움이 될 줄이야! 옛글에 광풍미천청향전(狂風彌天淸香傳)이란 말이 있어. '미친 바람 하늘 가득하여 맑은 향기를 전한다'는 뜻인데 옛 선비들이 난(蘭)을 치고 거기에 이 글을 화제(畵題)로 적곤 했단다. 예수님의 새 세상 만들기 운동이라는 맑은 향기〔淸香〕도 박해의 미친 바람을 타고 사방 천지로 흩어졌지.

> 그 날에 예루살렘에 있는 교회에 큰 박해가 있어 사도 외에는 다 유대와 사마리아 모든 땅으로 흩어지니라 경건한 사람들이 스데반을 장사하고 위하여 크게 울더라 사울이 교회를 잔멸할새 각 집에 들어가 남녀를 끌어다가 옥에 넘기니라 그 흩어진 사람들이 두루 다니며 복음의 말씀을 전할새 빌립이 사마리아 성에 내려가 그리스도를 백성에게 전파하니(사도행전 8:1~5)

여기 그리스도인을 박해하는 데 앞장섰던 사울이 뒤에 예수님을 만나 뵙고 사도가 되어 위대한 전도자로 생애를 마치게 된 얘기는 잘 알고 있겠지? 그가 자동차는 물론 자전거도 없던 시절에 맨발로 대륙을 누비며 초인적이라고 할 수밖에 없는 전도 여행을 했던 것은, 끊임없이 다가오는 박해를 피해야 하는 절박한 상황 덕분이기도 했어. 물론 복음을 전하겠다는 뜨거운 열정이 주요 동인(動因)이었겠지만.

　그런데 처음의 그 아름다운 생활공동체가 그 뒤에 계속되지는 않았잖아요? 그건 어떻게 봐야 해요?

글쎄, 바로 그게 문제다. 교회가 제도와 기구를 갖추면서 사람들의 이기심이 다시 생겨나고 그리하여 교회 안에 거짓이 들어와(아나니아와 삽비라 사건) 그것을 막고자 법이 새로 생기고…… 그러면서 교회가 퇴행(退行)을 시작했다고 보는 학자들도 있더라만, 나는 반드시 그렇게만 볼 것은 아니라고 생각해. 사람이 결혼을 해도 신혼 생활을 할 동안에는 온갖 '좋은 일'만 생겨 날마다 천국이지만 얼마 지난 다음에는 다시 다투기도 하고 속도 상하고 그러면서 평범하게 살아가듯이, 교회도 그런 과정을 밟은 것 아니겠니? 부부의 사랑이란 그렇게 평범해 보이는 삶 속에서 은근히, 요란스럽지 않게 익어가는 것이란다. 여기서 내가 '익어간다'는 표현을 썼는데, 그래, 교회도 그런 과정을 거쳐 비로소 익어가기 시작한 것이라고 보면 안 될까? 신혼 시절에는 새로운 만남에서 오는 황홀한 기분 때문에 여전히 이기심을 가슴 속에 품고 있는데도 그것이 겉으로 나타나지 않았다가, 오랜 세월 이런 일 저런 일 다 함께 겪으면서 저도 모르게 서로 닮아가고 마음속에서부터 이기심의 뿌리가 천천히 마르며 친구 같기도 하고 오뉘 같기도 한 부부의 일심동체(一心同體)를 이루듯, 교회도 그렇게 자기의 길을 걸어가는 게 아니겠니? 그리스도의 몸인 교회에 가끔 병이 들 수는 있겠지만 근본적인 퇴행이 있을 수는 없다고 아버지는 생각해. 우리 눈에 역사가 거꾸로 흐르는 것처럼 보일 때도 있지만, 그 역류 현상(逆流現象) 속에서도 역사는 바르게 진보하는 거야. 계곡을 출발한 물이 가끔 방향을 돌려 거꾸로 흐르기도 하지만 바다로 내려가는 그 방향까지 돌릴 수는 없듯이.

가슴 속에 이기심을 조금도 품지 않고 신혼의 행복을 누릴 수 있다면 그것이야말로 모든 부부의 희망이자 목적이겠지? 교회도 그래. 제 속에 자기 욕심을 그대로 둔다면 어떤 계기로 말미암아 한순간 행복을 맛볼 수는 있겠지만 그 행복을 영원히 누릴 수는 없어. 그 진리를 「사도행전」에 기록된 초대교회가 이미 우리에게 말해주잖니?

교회의 목표는 처음 보여준 그 아름다운 생활공동체를 다시 실현하는 거야. 그러나 이번에는 좀더 성숙한 인간의 모습으로, 자기를 먼저 생각하고 모든 일의 중심에 놓는 오래된 아욕(我慾)의 뿌리를 잘라버린 인간의 모습으로 영원한 생활공동체를 만드는 거지.

_꿈같은 얘기네요.

그래, 맞았어. 꿈같은 얘기야. 그러나 그리스도인이란 뭐니? 바로 그 꿈을 현실에 이루고자, 그것을 인생의 목적으로 삼고 살아가신 그리스도, 그분의 뒤를 이어 오늘도 내일도 제삼일에도 그냥 그 길을 달려가는 사람 아니냐?

내릴 수 없는 깃발

돈, 명예, 권력 따위 눈에 보이는 것들이 인생을 행복하게 해주리라는 헛된 꿈에서 깨어나, 이 땅에 하늘나라를 세우리라는 진짜 꿈을 꾸는 사람, 그런 사람이 그리스도인 아니겠어?

교회는 바로 그런 사람들의 모임이란다. 예수님이 수난 직전에 잠깐 눈부시게 흰 모습으로 변화하시어 부활하신 뒤의 모습을 꿈결처럼 미리 보여주셨듯이(마태복음 17:1~8), 초대교회의 아름다운 생활공동체는 마침내 우리가 바라보고 나아갈 참된 교회의 모습을 잠깐 미리 보여주셨던 거야. 그러므로 초대교회는 우리의 출발점이면서 목적지인 셈이지. 우리는 그리로 돌아가야 해. 그러나 그것은 개울이 바다로 내려가듯, 우리의 완성된 미래로 나아가자는 것이지 과거 그 시절로 되돌아가자는 것은 아니야.

그러자면 지금 여기서 우리가 할 일이 무엇이겠니? 하나님보다 자기를 먼저 위하는 마음, 남보다 자기를 먼저 생각하는 마음, 이것이 모든 죄의 뿌리이고 그것을 그냥 가지고는 우리가 바라는 교회를 이룰 수가 없는데, 먼저 그것들과 싸워야 하겠지? 그런데 그 싸움은 저 혼자 무인고도에서 할 수가 없구나. 인간이란 처음부터 서로 얽혀 있기 때문이야. 만일 남이 없다면 아욕이 따로 생길 이유도 없지 않겠어? 그러므로 우리의 싸움은 우리 모두 함께 싸워나가야 해.

미안하다. 얘기하다 보니까 또 설교도 아니고 강의도 아닌 잔소리처럼 되고 말았구나. 초대교회의 그 신나고 멋진 모습을 알차게 오늘에 재현하려면 무엇보다 먼저 '자기'와 싸워 이겨야 한다는 말을 하고 싶었을 뿐이야.

자, 우리는 돈만 있으면 뭐든지 다 되고 돈 없으면 아무것도 안 되는, 이 잘못된 물질 만능의 타락한 자본주의와 싸움을 시작해야 한다. 오늘 저 부패한 자본주의와 교회가 다정하게 손잡고 걸어가는 모습은 참으로 불가사의(不可思議)가 아닐 수 없구나. 있을 수 없는 일이 벌어지고 있는 거야. 그러니, 우리는 더욱 세상과 잘못된 교회를 향하여 예수님의 반기를 내릴 수 없구나. 이 땅에 '교회'로 존재하기를 포기하지 않는 한.

열 번째 강의

사람과 사람됨

자기 속에 있는 욕구를 채우는 것만으로는 결코 만족할 수 없게 되어 있는 게 사람이다. 이것이 다른 동물과 달리 '하나님의 형상'으로 지음 받은 인간의 본질이다.

⚜

오늘은 강의가 없다. 그 대신 숙제를 내주마. 아래의 글은 지난 1987년 민들레 교회 여름 수련회에서 강의한 것인데, 주로 히브리 철학자 아브라함 요수아 헤셀(Abrahan Joshua Heschel, 1907~1972)의 『인간론(人間論)』을 해설하면서 조금씩 내 생각을 보태본 거야. 한번 읽어볼 만할 게다. 헤셀이라는 사람에 대한 소개는 시간이 없어서 다음 기회로 미루어야겠구나. 아버지가 진심으로 존경하는 사상가요 행동가라는 사실만 알아주렴. 이분의 저술이 몇 권 우리말로 출판되었는데, 슬기는 대학생이니까 우선 『예언자들』이라는 책부터 읽어보기 바란다. 그 책은 무엇보다도 저자 자신에게 커다란 변화를 안겨주어 말년의 마지막 10년을 서재에서 나와 사람들의 '현장'에서 보내며 자신의 '학문'을 마무리하게 한 책이야. 그렇게 사회과학 서적들만 골라서 읽지 말고 이런 책도 함께 읽어 세계는 과연 넓고 인생은 과연 깊다는 사실을 배우도록 하여라.

여기 내가 쓴 글을 읽고 히브리 사상의 인간 이해에 관하여 좀더 알고 싶거든, 헤셸의 『누가 사람이냐』나 『사람은 혼자가 아니다』를 읽어보렴. 번역이 어렵게 됐다 싶지만 찬찬히 읽으면 철학의 깊이라는 걸 어느 만큼 짐작할 수 있을 게다.

* * *

아무도 현대를 안정된 평화의 시대라고 말하지 않는다. 전 지구를 위협하는 핵무기의 존재는 말할 것도 없고, 비록 국지전이라고는 하지만 하루도 포연이 가실 날 없으며, 도덕의 몰락과 가치관의 혼돈은 이미 극에 달해 있다. 이제는 인간이 인간을 믿는 것이 오히려 어리석게 보일 만큼 불신의 장벽은 드높기만 하고 돈이 최고라는 악마적 유물론의 속삭임이 자본주의, 사회주의 가릴 것 없이 전 세계 사람들의 의식에 깊숙이 침투하여 인류뿐만 아니라 전 지구의 생태계를 위협하는 온갖 공해를 뿜어대고 있다.

우리나라도 분단이 되었으니 통일을 이루고자 함은 너무나도 마땅한 일이요, 입 가진 자 저마다 통일 타령이지만 바로 그 온 겨레 만장일치 소원인 통일이 애먼 사람들만 잡아 가두고 있다.

도대체 무엇이 세상을 이 모양으로 비참하게 만들었는가? 지진인가? 태풍인가? 가뭄인가? 핵무기인가? 정치인가? 아니면 이데올로기인가? 천만에 말씀! 우리의 터전을 이토록 뒤흔들어대는 것은 지진이 아니다.

우리네 살림살이를 이렇게 황폐하게 만드는 것은 태풍도 아니요, 가뭄도 아니다. 지구의 운명을 위협하는 것은 핵무기가 아니다. 사람이 사람을 믿지 못하게끔 만드는 것은 정치도 아니요, 이데올로기도 아니다.

그 원흉은, 지진도 태풍도 가뭄도 핵무기도 정치도 이데올로기도 다른 그 어떤 것도 아니다. 바로 인간이다! 인간이 인간을 못살게 굴고 나아가 지구상의 모든 생물을 위협하는 최고의 원수요 최대의 적이다. 오늘 세계를 이처럼 헤어날 길 없는 궁지로 몰아대는 것은 저 하늘의 태양도 아니요, 바다도 아니며, 공중의 새나 들짐승이 아니라 두 발로 걷는 인간, 동물 가운데 가장 영리하여 스스로 만물의 영장임을 뽐내는 바로 우리네 인간이다.

임산부, 젖먹이까지 합하여 육백만 유대인을 죽인 것은 누구였던가? 히틀러와 그의 눈먼 추종자들, 아버지를 아버지라 부르고 딸을 딸이라 부르며 브람스의 음악을 즐기는 독일의 문명인들이었다. 나치즘, 파시즘 또는 공산주의, 전체주의, 군국주의 따위 허울 좋은 방패를 내세워 그 뒤에 숨으려고 하지만 그것은 눈 가리고 아웅하는 유치하고 비겁한 짓일 뿐, 결국은 인간의 비열하고 더러운 정체를 한 번 더 드러내는 꼴이 아닐 수 없다.

처음부터 만일 인간이라는 존재가 없었다면 아직 세상천지는 낙원일 것이다. 그러나 이런 식의 가정법은 아무 데도 소용없는 한낱 말장난일 따름.

우리는 이미 세상에 인간의 몸으로 태어났다. 이 움직일 수 없는 사실로부터 이제 우리는 다시 생각을 하고 우리의 삶을 돌아보아 그 방향을 수정하는 일에 곧 착수해야 한다. 이는 인간으로 태어난 이상 그 누구도 외면할 수 없는 지상 과제다.

　왜냐하면 인간을 죽이는 것이 인간인 것과 마찬가지로 인간과 세상을 살려낼 수 있는 힘 또한 저 하늘의 태양도 바다도 바람도 핵무기도 아닌 바로 인간에게 있기 때문이다.

　인간은 인간으로 태어난 이상 인간과 세계를 파괴하는 존재가 되든지 아니면 인간과 세계를 인간으로 말미암은 파멸에서 건지는 주체가 되든지 둘 중 하나일 수밖에 없다. 이 양자택일은 인간이기에 감당하지 않을 수 없는 숙명이다. 나아가서 인간은 이 숙명을 자신과 세계를 파멸로부터 건져내는 사명으로 바꾸어야 한다. 이를 외면하거나 거역할 때 그는 이미 인간일 수 없기 때문이다.

　그렇다면 이 일을 어디에서부터 출발할 것인가? 말할 것도 없이, 파멸로부터 건져내야 할 세계가 무엇이며 세계를 구원하는 주체가 될 인간은 무엇인가를 묻는 질문으로부터다.

　바로 이것이, 파멸을 눈앞에 둔 세계를 마주하여 우리가 새삼 인간 이해를 진지하게 시도해야 하는 까닭이다. 인간에 대한 바른 이해가 전제되지 않을 때 우리의 모든 계획과 정책은 오히려 인간과 세계를 더욱 비참한 궁지로 몰고 가는 악마적 수단으로 쉽게 전락할 것이기에.

인간을 묻는다는 것

 사람이 사람의 정체를 묻는 것은 말〔馬〕의 정체를 묻는 것과는 다르다. 사람이 사람을 묻는 것은 사람에 대한 지적 호기심 때문이 아니라 그의 삶이 존재론적으로 그것을 요구하기 때문, 다시 말하면 그와 같은 질문을 하지 않고서는 사람으로 존재할 수 없기 때문이다. 사람은 끊임없이 자신의 정체를 물음으로써 비로소 사람이 될 수 있다. 바퀴가 일어서려면 굴러가야 하는 것과 마찬가지다. 사람이 사람을 묻는 것은 추상으로서의 어떤 막연한 존재에 대하여 질문해보는 것이 아니라 바로 자기 자신의 정체를 묻는 것이요, 그러므로 모든 인간론은 결국 자기 이해다. 사람이 자기의 정체를 끊임없이 물어야 하는 까닭은 무엇일까. 그것은 생각할 수 있는 머리가 있기 때문이 아니라 그의 삶이 구체적 상황에서 불안하기 때문이다.

> 우리가 사람의 문제를 안고 씨름하는 까닭은 사람이 여러 가지 모순과 갈등으로 고통을 당하고 있으며 또한 사람은 그가 처해 있는 상황의 한 부분이 결코 아니기 때문이다. 좋은 말〔馬〕은 적당한 보살핌을 받으면 그가 살고 있는 서식처의 한 부분이 되어 아무런 문제도 없이 잘 살아간다. 이와는 반대로, 사람은 본질적으로 그리고 어떤 상황에서도 그 자신이 하나의 문제다. 사람이 되는 것은 곧 문제가 되는 것이요, 그 문제는 사람이 불안하고 정신적 고통을 당할 때 밖으로 드러난다. …… 사람이 스스로 자신에게 문제가 되는 것은 불안해서다.(『누가 사람이냐』, 아브라함 J. 헤셸,

종로서적, 1988, 8쪽)

사람이 불안한 까닭은 바로 사람 자신이 '문제(problem)'이기 때문이다. 언제 어디서나 사람이 사람을 불안하게 만드는 주체다.

"사람이면 다 사람이냐? 사람이라야 사람이지." 우리가 흔히 말하고 듣는 이 말 속에는 이미 사람(human being)이란 사람됨(being human)을 기본 전제로 삼는다는 의미가 내포되어 있다. 사람됨이 갖추어지지 않은 사람은 사람이라 할 수가 없다는 말이다. 이는 사람인 이상 누구나 막연하게나마, 사람이라면 마땅히 어떠어떠해야 한다는 당위를 이미 지니고 있음을 뜻하기도 한다. 사람을 불안하게 만드는 것은 바로 이 '기대(ought to be)'와 '실존(to be)' 사이에 일치가 이루어지 않고 있기 때문, 또는 일치를 이룰 수 없도록 작용하는 상황이 계속되기 때문이다.

불안을 느낄 때 사람은 그것으로부터 몸을 피하려고 하거나 아니면 그 불안을 정면으로 해소하려는 행동에 착수하게 된다. 그동안 불안을 피하는 여러 장치와 방법이 인간에 의하여 고안되어왔으나 그 어느 것도 마침내 인간을 불안으로부터 해방하지는 못했다. 오히려 그와 같은 소극적 방법은 인간을 더욱 난처한 궁지에 몰아넣었을 뿐 아니라, 마침내 사람은 자신을 불안하게 하는 상황과 자기 자신에 대하여 소극적 도피의 길을 찾는 것이야말로 가장 비인간적인 행위라는 사실을 깨닫기에 이르렀다.

불안에 대한 적극적 대처 방안을 강구하는 것이 가장 인간적인 행위라는 사실에 눈을 뜬 인간은 바야흐로 인간의 정체를 묻는, 엄숙하고 치열한 자기 이해의 길로 들어설 수밖에 없다.

나아가서 사람이 자신의 정체를 묻는 것은 돌이나 나무의 정체를 묻는 것과 사뭇 다르다. 나무는 우리가 그 정체를 파악함으로 해서 달라지거나 그 실존에 영향을 받지는 않는다. 그러나 사람은 자기를 묻고 그 답을 찾는 행위로 말미암아 스스로 영향을 받고 그 정체가 바뀐다. 자기 자신의 실존을 어떻게 이해하느냐에 따라 그의 실존이 달라지게 마련이다.

자신의 정체를 묻고 그 대답을 모색하는 것이 사람과 세계를 파멸에서 구원하는 첫걸음인 까닭이 바로 여기에 있다.

인간의 자기 이해와 그 한계

인간이 오랜 세월과 더불어 그때그때 내렸던 인간에 대한 정의(定義)는 헤아릴 수 없을 만큼 많다. 그러나 그 어떤 정의도 인간의 전부를 밝혀내지는 못했다. 아직도 우리는 인간에 대한 최후의 완결된 정의를 내리지 못한 채 살아가고 있다.

그 까닭은 어디에 있는가? 인간의 사유가 지니는 본질적 한계 때문임은 새삼 말할 나위가 없겠으나 그보다 더 근본적인 이유는 인간 존재 자체가 처음부터 불가사의한 신비라는 사실에 있다.

"내가 있다는 놀라움!"(시편 130:14) 여기 내가 없지 않고 있다는 사실의 놀라움, 비존재하지 않고 존재한다는 사실의 놀라움은 그냥 놀라움일 뿐 그 어떤 언어로도 설명될 수가 없다. 존재의 신비에 대한 사유는 마침내 하나님의 존재에 대한 사유로 연결되는데 그 이상은 발전될 수가 없다. 모든 존재를 존재하게 하는 제1원인 또는 존재의 근거(the ground of being) 또는 존재 그 자체(the Being)라는 데까지는 우리의 생각과 언어가 닿을 수 있지만 그 존재의 근거의 근거, 제1원인의 원인, 존재 자체를 존재하게 하는 무엇에 관해서는 깜깜절벽이다. 아니, 그것은 깜깜절벽이면서 깜깜절벽도 아니요, 그러기에 무(無)면서 무도 아니다. 그것은 이름하여 부를 수 없는 이름이며, 도(道)라고 할 수 없는 도(道可道非常道, 名可名非常名)다.

"누가 나를 있게 하였는가?"

"어버이다."

"누가 어버이를 있게 하였는가?"

"어버이의 어버이의…… 어버이다."

"누가 어버이의 어버이의…… 어버이를 있게 하였는가?"

"하나님이다." (성경의 대답)

"누가 하나님을 있게 하였는가?"

"하나님이다." (역시 성경의 대답)

"누가 하나님을 있게 한 하나님을 있게 하였는가?"

"……"

인간의 사유와 언어가 더 이상 닿을 수 없음을 이름하여 우리는 신비라 하는데, 바로 이 신비로부터 인간이 생겨났다는 사실에 인간에 대한 모든 정의가 가지는 본질적 한계가 있는 것이다. 달리 말하면 알 수 없는 무엇에서 나왔기 때문에 역시 알 수 없는 것이 인간이요 세계라는 말이다. 그러나 그런데도 끊임없이 인간이 자신에 대하여 내려온 정의는 그렇다면 무엇인가? 그것은 사람이 사람답게 살고자 사람됨의 길을 찾는 과정에서 얻는 수확일 따름이다. 그와 같은 정의를 내림으로써 사람은 본질상 한계를 안고 있는 가운데서라도 죽지 아니하고 살아남을 수 있었던 것이다. 의미가 있다면 인간이 자신에 대한 정의를 '내렸다'는 데 있지 않고 부단히 자기 이해를 '시도한다'는 바로 그 사실에 있다. 그보다 더 중요한 의미는 인간이 자신의 정체를 끊임없이 '질문한다'는 바로 그 사실에 있다.

인간에 대한 모든 정의는 언제나 일리(一理)를 지닐 뿐이다. 그것이 옹근 진리일 수는 없다. 왜냐하면 인간에 대한 모든 정의가 동시에 '잘못된 정의'일 수밖에 없기 때문이다.

아리스토텔레스 이래 인간을 동물로 보는 사유가 일반적으로 통하게 되었다. 그는 인간을, 지식을 습득할 능력을 갖춘 동물, 두 발로 걸어다니는 동물, 사회적인 동물 등으로 설명했다. 스콜라 철학은 인간을 합리적인 동물(animal rationale)로 보았고, 벤저민 프랭클린(Benjamin Franklin)은 연장을 만드는 동물로 보았다. 확실히 생리학이나 해부학은 인간과 동물의 유사성을 밝혀낼 수 있다. 인간이 식물이나 광물이 아니라 동물인 것만은 사실이다. 그러나 과연 사람이 동물인가? 그 앞에 어떤 형용구가 붙는다 해도 과연 우리는 자신을 '동물'로 이해하고 있는가? 그와 같은 정의를 옹근 진리로서 받아들일 수 있는가? 오히려 인간의 정의는 동물과 유사한 점에서보다 동물과 다른 점에서 찾아야 하지 않겠는가? 플라톤이 인간을 깃털이 없는 두 발 짐승이라고 설명했을 때 디오게네스는 수탉의 털을 뽑아 아카데미 안으로 가져왔다고 한다. 인간을 '……한 동물'로 정의할 경우 우리는 그 정의가 지니는 일리(一理)와 함께 오류를 보지 않을 수 없다. 그 오류가 정치·사회·경제적으로 발전될 때 마침내 엄청난 비극이 초래되고 마는 것을 인류 역사가 보여주지 않는가?

나치스가 등장하기 직전 독일에서는 다음과 같은 주장이 자주 인용되었다.

"인간의 몸은 비누 일곱 조각을 만들 수 있는 지방질과 중간 크기의 못 하나 만들 수 있는 철분, 성냥 알 이천 개를 만들 수 있는 인(燐) 그리고 한 사람 몸에 붙어 있는 벼룩을 모두 없앨 수 있는 유황을 포함하고 있다."

과학적으로 볼 때 틀림없는 사실이다. 그러나 사람 몸에서 영혼이라든가 인격 등 눈에 보이지 않거나 무게를 달 수 없는 내용을 모두 제거한 이와 같은 인간 이해가 이른바 당대의 인간론으로 통하게 될 경우 그 결과로서 사람 육체로 비누를 만드는 나치스의 미친 짓이 나타나는 것은 오히려 당연한 귀결이라 하겠다.

요즘은 인간을 기계의 하나로 보는 악마적 관념이 은연중 우리 심정을 지배하고 있는 듯하다. 위장에 펑크가 났다, 관절에 기름이 말랐다, 눈이 고장 났다 등등 이런 표현 속에 사람 몸을 기계 부속품의 조립으로 보려는, 과연 기술과학 시대에 걸맞은 인간 이해의 단면이 드러난다. 사람을 기계로 보려는 이와 같은 생각은, 그것을 모든 사람이 터무니없는 것으로 여겨 배척하면서도 자기도 모르게 이미 생활 속에서 용납하고 있다는 사실에 그 심각성이 있다. 기계의 장점은 정확하고 신속한 데 있다. 기름을 넣으면 넣은 만큼 움직이는 데 미리 계산된 바와 오차가 있을 수 없다. 그리고 기계는 사람 손으로 물건을 만드는 것보다 훨씬 빠르게 일을 처리한다.

현대인은 기계와 더불어 살아가고 기계의 성능에 자신의 삶을 맞추다

보니까 자연스럽게 기계의 한 부속품이 되고 말았다. 따라서 정확함과 신속함은 이 시대 인간의 덕목이 되었고, 그 반대는 비판과 비난의 대상이 되었다. 무슨 일을 해도 기대한 바 목적을 생산해내지 못할 경우에는 그 일 자체가 정당한 것으로 인정받지 못한다.

나아가 인간의 삶에서 이제 '나약한 감상(sentimentality)' 따위는 있을 곳이 없다. 혁명을 위한 투쟁에 남녀의 애정이라든가 부모 자식 간의 사랑 따위는 성가신 장애물일 따름이다. 조직이 명령하면 다만 그 명령을 좇을 따름, 다른 길은 허용되지 않는다. 인간 로봇을 만들면서 현대인은 어느덧 자신이 로봇으로 환생하고 있음을 알지 못한다. "관절에 기름이 말랐다"는 식의 말투가 얼마나 우리 삶을 그야말로 기름기 없는 삭막한 것으로 만들어가는지 곰곰 생각해볼 일이다.

이렇게 본질상 뚜렷한 한계를 지닌 정의를 인간에 대한 옹근 진리로 받아들이거나 고집할 때 그것은 인간에 대한 단순한 오해에 머물지 않고 나아가 인간을 파괴하는 데까지 이른다.

> 밑바닥까지 자신을 파헤치고 들어가는 것은 가능하지도 않고 바람직하지도 않다. 우리로서 바람직한 일은 우리의 삶을 군중의, 유행의 혹은 일시적인 기분의 그림자가 되지 않고 스스로 살아갈 수 있게 할 만큼의 자기 이해에 이르는 것이다. …… 사람의 실존에는 도무지 밝혀내지 못할 깊이가 있다. 그것을 우리는 일반화시킬 수 없다. 그럼에도 불구하고 사람을 알아야 한다는 필요성은 여전히 우리 앞에 거칠고 투박한 요구로 버티고 있는 것이다.(『누가 사람이냐』, 아브라함 J. 헤셸, 종로서적, 1988, 33쪽)

되풀이하거니와 사람이 사람의 정체를 묻는 것은 사람이 사람 되는 데 반드시 필요한 일이다. 그러나 사람이 사람에 대하여 내리는 모든 정의는 임시적인 것이며 처음부터 한계가 있는 것임을 겸허하게 인정하지 않으면 안 된다.

하나님의 형상

성경은 사람이 하나님의 형상(*imago Dei*)으로 지음 받았다고 증언한다.

> 하나님이 이르시되 우리의 형상을 따라 우리의 모양대로 우리가 사람을 만들고 그들로 바다의 물고기와 하늘의 새와 가축과 온 땅과 땅에 기는 모든 것을 다스리게 하자 하시고 하나님이 자기 형상 곧 하나님의 형상대로 사람을 창조하시되 남자와 여자를 창조하시고(창세기 1:26~27)

흔히 이 '하나님의 형상'을 인간이 지니는 어떤 속성, 이를테면 언어나 이성(理性), 기술 따위로 보려고 한다. 인간이 다른 짐승과 달리 지닌 어떤 속성이 바로 하나님의 형상이라는 말이다. 그러나 이와 같은 생각은 옳지 않다. 하나님의 형상으로 지음 받은 것은 인간의 어느 일부가 아니라 전체 인간(whole man)이며 어떤 특별한 인간이 아니라 모든 인간(every man)이다. 육체와 영혼, 현자와 바보, 성자와 죄인, 기뻐하는 자와 슬퍼하는 자, 의로운 자와 사악한 자, 죽이는 자와 죽는 자, 십자가에 못 박히는 자와 못 박는 자가 모두 그분의 형상으로 지음 받은 인간이다. 하나님의 형상으로 지음 받은 것은 인간의 어떤 부분이 아니라 바로 인간이다.

그러므로 인간을 봄으로써 하나님을 본다고 말할 수 있는데(요한복음 14:9) 이는 모든 존재하는 것이 그 존재로써 결국 하나님을 드러내게 되어 있기 때문이다.

> 존재하는 것은 나타내는 것을 의미한다(To be implies to stand for). 모든 존재가 그것 이상인 무엇을 나타내고 있기 때문이다. 보이는 것, 알 수 있는 것이 보이지 않는 것, 알 수 없는 것을 나타내기 때문이다.(『사람은 혼자가 아니다』, 아브라함 J. 헤셸, 종로서적, 1987, 28쪽)

모든 존재는 존재함으로써 그것을 존재하게 한 무엇을 가리키는 화살표다. 여기 아무개라는 한 사람이 존재함은 그를 존재하게 하는 하나님을 가리키고 있는 것이다. 사람이 하나님의 형상으로 지음 받았다는 말은 그 겉모양이 하나님을 닮았다는 뜻이 아니라 그가 하나님이 존재하듯이 존재한다는 말로 읽어야 한다. 다시 말하면, 하나님의 형상으로 지음 받았다는 말은 존재의 은유(analogy)가 아니라 행동의 은유로 해석되어야 한다. 인간은 그 행동으로 하나님을 닮아야 하는 것이다.

사람이 하나님의 형상으로 지음 받았다는 말 속에는, 사람이 더없이 존엄하고 거룩한 존재라는 의미가 들어 있다. 사람이 사람인 까닭은 그가 이 땅과(자연과) 더불어 나눠 가진 것 때문이 아니라 하나님과 더불어 나눠 가진 것 때문이다. 사람이 존귀하고 거룩한 까닭은 그가 하나님과 같은 사명을 나눠 가진 존재이기 때문이다.

하나님은 다른 사물들(인간 아닌)을 지으실 때에는 먼저 무슨 뜻을 세우지 않았다. 유독 사람을 지을 때에만, "우리의 형상을 따라 우리의 모양대로 우리가 사람을 만들고 그들로 바다의 물고기와 하늘의 새와 가축과 온 땅과 땅에 기는 모든 것을 다스리게 하자"고 하신다. 다른 사물들과 달리 사람만은 그의 존재 이전에 하나님의 뜻(사명)이 있었다는 말이다. 사람만이 하나님과 더불어 어떤 할 일을 공유한다. 바로 이것이 그분의 형상으로 지음 받은 인간의 특권이자 거룩한 임무인 것이다.

짐승과 다른 점

사람이 짐승과 다른 점을 구태여 찾으려는 것은 그렇게 함으로써 사람의 정체를 좀더 알아보려는 시도일 뿐이다.

'존재함은 곧 드러냄을 뜻한다'는 점에서 한 마리 새가 창조주이신 하나님을 드러내는 것은 한 인간이 하나님을 드러내는 것과 다를 바 없다. 그러나 사람만이 '하나님의 형상'으로 지음 받았다는 사실은 사람만이 새와는 다른 방식으로 하나님을 드러내게 되어 있음을 뜻한다. 사람이 새와 다르게 존재하는(행동하는) 그것은 무엇인가?

여기서 다시 새에게는 없고 인간에게만 있는 듯이 여겨지는 어떤 속성에서 대답을 찾아보려는 유혹을 우리는 피해야 한다. 새에게는 없는 어떤 훌륭한 인간의 속성이 곧 하나님의 형상은 아니기 때문이다.

동물은 배가 고플 때 양식을 찾아 헤맨다. 인간도 예외일 수 없다. 드디어 양식을 구해서 배를 채운다. 이 점에서도 인간은 예외가 아니다. 배가 부르면 만족한다. 인간도 마찬가지다. 그런데 바로 이 대목에 이르러 동물과 인간이 달라진다. 배가 충족된 동물은 거기서 더 나아가기를 그친다. 양식을 찾아 헤매지도 않는다. 채워진 배로써 만족함을 얻고, 다시 배가 고파질 때까지는 헤매지를 않는다. 동물이 자신의 욕구(need)가 채워질 때 만족하듯이 인간도 욕구가 충족될 때 만족하고 만다면 인간과 동물이 다를 바가 없겠으나 이 대목에 이르러 인간은 한 걸음 더 나아간다.

"충족되었다. 그래서?"

바로 이 질문 때문에 사람은 다른 짐승과 달리, '하나님의 형상'을 입은 존재로서 살아가게 되는 것이다. 사람의 사람됨은 자신의 욕구를 채우는 것만으로는 만족할 수 없다는 점에 있다. 오히려 그런 식으로만 만족하려 할 때 인간은 무한한 탐욕의 무저갱에서 헤어날 수가 없고, 그런 사람을 일컬어 짐승만도 못한 인간이라고 하는 것이다. 돼지의 욕심은 한 자루 사료로 충족될 수 있지만 인간의 욕심은 태평양 물로도 채울 수 없기 때문이다.

사람은 전혀 다른 방식으로 만족을 누릴 수 있게 되어 있다. 사람은 자신의 욕구를 채움과 함께 자신이 남의 욕구를 채워줌으로써 비로소 만족을 누린다.

자기 속에 있는 욕구를 채우는 것만으로는 결코 만족할 수 없게 되어 있는 게 사람이다. 이것이 다른 동물과 달리 '하나님의 형상'으로 지음 받은 인간의 본질이다.

사람은 자신을 채움과 함께 자신을 비움으로써 비로소 사람답게 살아갈 수가 있다. 열심히 공부하는 것은 지식을 자기 속에 채워 그것을 영구 보존하려는 데 목적이 있지 않고 사회에 내어 놓으려는 데 있다. 공부해서 남 주지 않으면 그 공부한 모든 지식이 그에게 아무런 만족을 주지 못한다. 외국에서 박사가 되어 돌아온 학자가 그 배운 바 지식을 가르쳐줄 학생과 교단을 얻지 못한다면 그는 과연 행복을 느낄 것인가? 그와 같은 상태에서 만족할 것인가? 돈을 버는 것도 결국은 쓰고자 함이요, 숨을 들이쉬는 것은 내쉬고자 함이다.

> 인간은 자신의 욕구가 충족되기를 바랄 뿐 아니라 충족시킬 수 있기를 바란다. 요구할 뿐 아니라 스스로 남에게 요구되기를 바란다. 인간의 욕구는 왔다가 간다. 그러나 한 가지 우려는 남는다. '나는 남에게 요구되고 있는가(Am I needed)' 이 우려에 의하여 동요되지 않는 인간은 없다(『사람은 혼자가 아니다』, 165쪽)

사람의 행복은 자신이 누군가의 욕구를 채워줄 수 있다는, 그 가능성에서 온다. 왜냐하면 사람은 자기 자신을 목적으로 삼을 수 없게끔, 그렇게 하면 오히려 불행에 빠지게끔 지음 받은 존재이기 때문이다.

인간을 수단이 아니라 목적으로 대해야 한다는 칸트의 명제는 한 인간이 다른 사람들에게 어떻게 대접받아야 하는지를 말한 것일 뿐, 그가 자신을 그렇게 대해야 한다는 말은 아니다. 만일 어떤 사람이 자신을 목적으로 삼는다면 남을 수단으로 부리게 될 것이기 때문이다. 르네상스가 미신과 봉건제도의 질곡으로부터 인간을 해방해 사람이 주인 되는 사회를 열어놓은 것은 좋았으나, 그 기세로 인간을 인간의 유일한 목적으로 삼는 배타적 인본주의까지 나아간 덕분에 오늘 우리는 유물론적 가치관에 묻혀 '하늘'을 잃어버렸고 바로 이 사실이 현대의 모든 비극을 낳고 있는 것이다.

인간이 인간의 목적일 수는 없다. 그것은 인간이 스스로 충족될 수 없으며 나아가 자신을 채움으로써 만족을 누릴 수 없는 존재이기 때문이다.

자신이 쓸모없는 존재라는 생각, 그 누구도 자기에게 무엇을 요구하지 않는다는 생각에서 오는 허탈감은 사람을 곧장 불행한 절망으로 이끈다. 절망을 피하는 유일한 길은 인간이 스스로 목적이 되는 게 아니라 남이 요구하는 바가 되는 데 있다. 행복은 자신이 남에게 필요한 존재임을 확인하는 데서 온다.

삭개오의 불행은 돈을 얻고 사람을 잃은 데 있었다. 그가 다시 사람됨의 길로 들어설 수 있었던 것은, 돈을 잃고 사람을 얻기로 작심할 수 있었기 때문인데, 이런 귀중한 결심은 예수께서 그에게 하룻밤 신세질 것을 요청함으로써 비롯되었다.

"내가 오늘 네 집에 유하여야 하겠다."(누가복음 19:5)

이 한 마디야말로 예수께서 삭개오에게 주실 수 있는 가장 큰 선물이었다. 그에게 삶의 보람을 안겨주고 행복한 느낌에 젖을 수 있도록 해준 한마디 부탁 말씀이 마침내 그를 살려내었던 것이다. 사람은 누군가의 필요에 의하여 자기를 내어줌으로써 비로소 사람이 될 수 있다. 하나님의 형상으로 지음 받은 까닭이다. 하나님, 그분은 우리에게 있어 끊임없이 자신을 내어주고, 내어줌으로써 비로소 존재하는 그런 분이 아닌가?

하나님의 형상으로 지음 받은 인간도 마찬가지다. 그의 존재 자체가 거두어들여 쌓아둠으로써가 아니라 끊임없이 남에게 베풂으로써 또는 더불어 나눔으로써, 그 누군가의 굶주림을 채워줌으로써 비로소 가능한 것. 사람의 삶 자체가 섬김이다! 그렇다면 '누가' 사람을 필요로 하는가?

> 누가 사람을 요구하고 있는가? 자연? 저 산맥은 우리네 시인들이 필요해서 저렇게 서 있는 것인가? 만일 천문학자들이 더 이상 존재하지 않는다면 하늘의 별들은 사라질 것인가? 지구는 인간이라는 종(種)의 도움이 없어도 여전히 돌아갈 것이다.(『사람은 혼자가 아니다』, 182쪽)

자연이 사람을 필요로 하는 게 아니라 사람이 자연을 필요로 한다. 자연은 사람의 욕구를 채워줄 수 있는 물질로 가득 차 있다. 그러나 자연이 채워줄 수 없는 인간의 욕구가 하나 있다. 그것은 남에게 필요한 존재가 되고자 하는 욕구, 인간을 참된 행복으로 이끌어줄 수 있는 유일한 욕구다. 자연은 풍요하지만 인간의 이 욕구를 충족해주지 못한다. 그것은 자연이 사람을 요구하지 않기 때문이다.

그러면 누가 사람을 요구하는가? 국가와 민족? 흔히 말하기를 인간의 목적은 사회 또는 인류에 봉사하는 데 있다고 한다. 전쟁에 광분한 군국주의가 국민의 뇌에 심어주는 사상은 국가를 위해 몸을 바치는 것이 최대의 영광이라는 것이다. 이와 같은 비인간적 가르침으로 눈이 먼 일본의 특공대 젊은이들이 보여준 섬뜩한 자살 행위는 그들이 위하여 죽어간 바로 그 국가를 마침내 파멸로 이끌고 말았다. 이 땅의 숱한 젊은이들은 이데올로기라는 망령을 위하여 스스로 죽어갔고, 형과 아우가 서로 가슴을 찌르며 인류 앞에 머리를 들 수 없을 만큼 부끄럽고 안타까운 동족상잔의 비극을 치러야 했다. 도대체 공산주의가 무엇인데 그것을 위하여 목숨을 바쳐야 하고 자본주의가 무엇인데 그것을 위해 죽는 것이 오히려 영광인가? 물론 말로는 공산주의, 자본주의를 위해서라고 하지 않는다. 말끝마다 저들이 내세운 것은 조국의 해방이요 자유다. 해방도 좋고 자유도 좋다. 과연 인간에게 그것을 위하여 자기 목숨을 내놓지 않으면 안 될 무엇이 있을 수 있는가? 다시 말하면 한 인간에게 그의 생명보다 더 귀중한 어떤 가치가 있을 수 있는가? 그렇다면 '우주보다 더 귀한 생명'이란 말은 헛소리가 아닐 수 없다.

사람이 사람을 밖에서 본다면 한 사람 목숨이 여럿(사회)의 목숨보다 가벼울 수 있다. 그러나 사람이 자신을 안에서 보면 위의 계산은 무너지고 만다. 아무개가 사회에서는 별 볼일 없는 한 인간으로 보일 수 있지만 그를 낳은 어머니한테는 천하를 주고도 바꿀 수 없는 생명이다. 사회는 그 아무개를 밖에서 보지만 어머니는 안에서 보기 때문이다.

물론 사람한테는 자신이 사회에 쓸모 있는 존재이기를 바라는 마음이 있다. 그러나 사람을 그 무엇에 대한 유용성으로만 평가하는 것은 잘못이다. 효용성이 인간의 가치를 재는 척도가 될 경우, 인간은 결국 한가지 수단으로 전락되고 말기 때문이다. 사람이 값진 존재인 까닭은 그가 몇 가지 유능한 재주를 지녔기 때문이 아니라, 사람이기 때문이다. 오늘의 기술·기계주의 체제에서는 유능한 인간이 무능한 인간보다 더 우대를 받

것이 상식이 되었다. 머리 좋은 사람이 나쁜 사람보다 더 귀중한 사람이고 기술 좋은 사람이 못한 사람보다 더 중요한 사람이다. 그러나 어머니 앞에서는 모든 아들이 똑같이 귀중하고 중요한 법. 만일 한 어머니가 유능한 아들과 무능한 아들을 차별하여 대한다면 그 어머니는 더 이상 어머니가 아니다. 사람은 누구나 자기가 지닌 무엇 때문이 아니라 그냥 있는 그대로 사랑받기를 원한다. 부자들도 재물 때문이 아니라 있는 그대로인 자신이 존경받기를 바란다. 사회에 쓸모 있는 사람이 되는 것, 이는 희망사항이지 인간이 되는 필요충분조건은 결코 아니다. 국가, 민족, 자유, 해방, 통일, 민주화 등등 그 어떤 이름과 깃발을 들고 나와도 그것으로써 한 인간의 목숨을 '요구할' 수는 없다. 아무개가 통일을 위하여 자기 목숨을 희생하는 것은 전혀 다른 일이다. 그는 그렇게 함으로써 스스로 자신을 충족하는 유일한 길, 요구받고자 하는 요구(need to be needed)를 채우는 길을 걸어간 것이므로, 강요된 희생이 아닐 경우 그 희생은 인간이 지상에서 이룰 수 있는 최고의 아름다움이요 지고선(至高善)일 수 있다.

가야바의 논리는 여럿을 위하여 한 사람을 희생하는 것이 옳다는 것이었다. 이에 반하여 예수의 논리는 한 사람이, 그가 처한 상황에 따라, 아흔아홉 사람보다 더 귀중하다는 것이다. 이와 같은 논리의 차이는 사람을 어떤 각도에서 보느냐는 차이에서 온다. 가야바가 여럿을 위하여 한 사람을 희생하는 것이 마땅하다고 할 때 그 한 사람이 가야바의 외아들이었을 경우에는 말이 달라졌을 것이다. 사람이 자기 아들을 한 물체로 볼 수는 없기 때문이다.

예수는 아흔아홉을 버리고라도 관심하고 돌봐야 하는 그 '한 사람'을 위하여 자신의 목숨을 버렸다. 그는 결국 '한 사람'이 요구하는 바가 되려고(to be need) 자신의 생명을 바친 것이다. 그리고 그것은 곧장 이어져 인류를 위한 희생이 되었다. 한 사람을 모독한 것이 곧 인류를 모독한 것이요, 한 사람을 건진 것이 곧 인류를 건진 것이기 때문이다.

그렇다면 예수를 필요로 했던 그 '한 사람'은 누군가? 그 '길 잃은 양'은 과연 누군가?

하나님한테 필요한 존재

사람을 필요로 하는 존재를, 알 수 없는 그 무엇에서 생겨나 우리와 함께 존재하는 그 어떤 존재물에서 찾는 일은 나무에서 고기를 구하는 것과 같은 격이다. 소 등에 탄 사람이 소가 어디 있는지 찾는 것과 같은 어리석음이라고 할까?

성경은 사람이 하나님한테서 나왔으므로 최후에 사람을 요구하는 분 또한 하나님이라고 설명한다.

누가 사람을 요구하는가? 자연도, 역사도, 민족도, 국가도, 이념도 아니다. 그 모든 것들을 위하여 만들어주신 하나님, 그분이 사람을 요구하신다. 존재하는 모든 것이 인간을 위한 것이요, 인간은 하나님을 위한 것이다. 그러므로 인간에 대한 도움도 산이나 바다가 아니라 그것들을 지으신 하나님한테서만 온다.

하나님이 사람의 아버지라는 관념은 단순히 그가 하나님께 생리적으로 의존되어 있거나 하나님과 인척 관계(kinship)에 있다는 것이 아니다. 그것은 인간이 최후로 대결할 상대가 세상이 아니라 하나님이라는 생각을 나타내고 있다.

사람이 사람인 까닭은 뭔가 신성한 것(something Divine)이 그의 실존 속에 박혀 있기 때문이다. 그는 이 우주의 드라마 속에 있는 무심한 방관자가 아니다. 우리 속에는 우리가 믿을 수 있는 만큼보다 더욱 친밀한 하나님과의 인척 관계가 있다. 인간의 혼은 자연의 발화성 혼합물이 타오르는 불꽃이 아니라 우주의 길을 밝히는 하나님의 촛불이다. 모든 인간의 혼이 그분 없이는 있을 수 없다. 인간은 요구받고 있다. 그는 하나님에게 필요한 존재(a need of God)다.

인생은 하나님과 인간의 합작품이다. 하나님은 우리의 기쁨과 슬픔에 무관심하시지도 않고 멀리 떨어져 계시지도 않았다. 그분은 인간의 몸과 영혼이 살아가는 데 없어서는 안 되는 것들을 관심하신다. 인간의 삶이 성스러운 까닭이 여기에 있다. 하나님은 정의, 평화, 그리고 성결을 위해 투쟁하는 인간의 동지요 동반자다. 그리고 그분은 인간이 필요하시기 때문에, 당신과 인간을 동시에 구속하고 인간뿐만 아니라 당신 자신도 얽혀 매이는 관계인, 인간과의 '계약'을 맺으셨던 것이다.

하나님은 인간의 행실을 냉정하고 무감각하게 멀찌감치 거리를 두고 심판하시지 않는다. 그의 심판에는 인간에 대한 애틋한 감정이 스며들어 있다. 그분은 심판자일 뿐 아니라 만인의 아버지시다. 그분은 왕일 뿐 아니라 당신의 백성과 정혼한 연인이다. 하나님은 인간과 뜨거운 관계를 맺고 있다.

그분의 분노나 사랑, 그분의 자비나 실망은 모두 그분이 모든 인간의 역사에 깊숙이 간여하신다는 표시다. 이것이 예언자들의 중심 메시지다.(『누가 사람이냐』, 142~143쪽)

따라서 남이 요구하는 바가 되어 그 욕구를 채워줌으로써 비로소 만족할 수 있는 인간을 충족해 줄 수 있는 유일한 존재는, 우리가 이름하여 부를 수 없는 그분, 곧 하나님이다. 왜냐하면 그분만이 인간을 궁극적으로 요구하시기 때문이다. 하나님, 그분은 인간의 모든 욕구를(남이 요구하는 바가 되고자 하는 욕구까지 포함하여) 채워주실 수 있는 유일한 분이다.

성경이 보는 인간은 끊임없이 자기의 정체를 찾는 피조물일 뿐 아니라 하나님이 계속 찾으시는 피조물이다. 성경은 "아담아, 네가 어디 있느냐?"는 하나님의 애절한 인간 추적을 바탕으로 깔고 거기에 응답하는 인간의 모습을 그린다.

성경의 사람은 끊임없이 하나님을 찾아 헤맨다. 그러나 그가 하나님을 찾음은 먼저 인간을 찾으시는 그분이 있어서 가능한 것. 따라서 인간의 하나님 추구는 하나님의 인간 추적에 대한 응답의 한 형태일 따름이다.

"어떤 의미가 먼저 있어서 그것이 인간을 추적하지 않는 한, 인간이 의미를 추구하는 일은 의미가 없다(The pursuit of meaning is meaningless, unless there is a meaning in pursuit of man)."

나의 인생에 무슨 의미가 있다면 그것은 그분이 나의 생명을 요구하고 있기 때문이다. 그분이 나의 삶과 생각을 필요로 하시기 때문에 나의 인생은 과연 살아낼 만한 가치가 있는 것이다.

"나는 명령받았다, 고로 존재한다"

삼라만상이 모두 "있어라"라는 그분의 명령이 먼저 있었기에 존재하게 되었다는 것이 성경의 설명이다.

그런데 사람의 경우에는 한 걸음 더 나아가서 당신의 형상으로 만들되 세상을 다스리는 일거리까지 미리 정해두는 절차를 밟는다. 이는 사람이 태어나기 전에 이미 하늘로부터 사명이 주어졌음을 의미한다. 사람이 생긴 다음에 할 일이 마련된 것이 아니라 할 일이 있어서 사람이 생겨난 것이다. 그러므로 성경의 사람은, "나는 명령받았다. 그러므로 나는 존재한다"고 고백하지 않을 수 없다.

선지자 예레미아에게 들려온 하나님의 말씀.

> 내가 너를 모태에 짓기 전에 너를 알았고 네가 배에서 나오기 전에 너를 성별하였고 너를 여러 나라의 선지자로 세웠노라(예레미야 1:5)

천사 가브리엘은 참사람 예수가 태어나기 전에 그 어머니 마리아에게 나타나, 장차 아들을 낳을 터인즉 이름을 예수라 하라고 일러주었다. 태어나기 전에 이름부터 지어졌음은 하늘 명령이 그의 존재에 선행한다는 사실의 증거다. 이 순서는 모든 인간에게 동일하다. 다만 많은 사람이 자신에게 주어진 하늘의 명을 모르고 있을 뿐이다. 아니, 자신이 하늘의 명을 받아 태어났다는 사실조차 모르고 사는 사람이 거의 대부분이다. 인간의 비극은 그가 '메시지를 잊어버린 전달자'라는 사실에 있다. 나아가서 그는 하늘로부터 받은 메시지를 잊어먹은 것에 그치지 않고 자신의 탐욕과 이기심에 바탕한 거짓 메시지를 만들어 그로써 자신과 함께 남까지 파멸로 몰고 가는 것이다.

거짓 예언자 아마샤가 아모스를 핍박할 때 아모스가 그에게 한 말.

> 나는 선지자가 아니며 선지자의 아들도 아니라 나는 목자요 뽕나무를 재배하는 자로서 양 떼를 따를 때에 여호와께서 나를 데려다가 여호와께서 내게 이르시기를 가서 내 백성 이스라엘에게 예언하라 하셨나니 이제 너는 여호와의 말씀을 들을지니라 네가 이르기를 이스라엘에 대하여 예언하지 말며 이삭의 집을 향하여 경고하지 말라 하므로 여호와께서 이와 같이 말씀하시기를 네 아내는 성읍 가운데서 창녀가 될 것이요 네 자녀들은 칼에 엎드러지며 네 땅은 측량하여 나누어질 것이며 너는 더러운 땅에서 죽을 것이요 이스라엘은 반드시 사로잡혀 그의 땅에서 떠나리라(아모스 7:14~17)

지상에서 일어나는 전쟁, 질병, 가난, 공해 등 이 모든 비극들이 바로 하늘의 메시지를 받아 태어났으면서도 그것을 잊고 나아가서 가짜 메시지를 위조하여 낸 사람들로 말미암은 것일진대, 사람의 사람됨 회복에 지상의 모든 곤경을 풀어낼 유일한 열쇠가 있다고 보지 않을 수 없다.

그렇다면 사람의 사람됨 회복이란 무엇이며 어떻게 이루어질 수 있는가?

되찾아야 할 것은 '하늘'

역사와 현실의 긴박하고 절실한 문제에 몰두한 사람은 '하늘'을 말하는 것이 마치 자다가 봉창 두드리는 소리처럼 들릴는지 모르겠다. 분단된 조국을 통일해야 하는 이 절박한 땅의 현실을 두고 무슨 여유가 있어서 '하늘'을 올려다보느냐고 질문할 수도 있으리라. 그러나 다시 생각해보자. 진정 우리가 공산주의 북조선 인민들과 함께 우러를 참된 우리의 '하늘' 없이 통일이 가능할 것인가? 그렇게 해서 통일이 이루어졌다 하더라도 그것이 과연 참된 통일일 수 있을까? 그렇지 않다. 우리에게 분단된 것은 땅(국토)만이 아니다. 땅이 나뉘기 전에 이미 우리한테서는 하늘이 분단되어 있었다. 어떤 주의 주장을 펴는 자들과는 하늘을 함께하여 살 수 없다는, 이 악마적 사상이 삼팔선보다 먼저 우리의 마음(하늘)을 갈라놓았던 것이다. 이 보이지 않는 분단이 해결되지 않는 한 우리의 국토 통일은 이루어진다 해도, 위장 수술한 의사가 위장을 꿰매지 않고 뱃가죽만 꿰맨 것과 같이 오히려 더욱 큰 고통을 안겨줄 따름이리라.

하늘은 하나다. 그 어떤 잘 드는 칼이나 철조망으로도 나눠놓을 수 없는 것이 하늘이다. 하늘이 모든 존재에 내리는 명령 또한 하나다. 그것은 "존재하라"는 명령이다. 모든 생명체에 내리는 명령도 역시 하나다. 그것은 "살아라"는 명령이다. 과연 생(生)은 명(命)이다.

존재하는 모든 것은 존재함으로써 이 명령에 복종하고 있는 것이다. 사람 또한 이 점에서는 조금도 다름없이 복종하고 있다. 그런데 문제는 사람이 돌이나 나무처럼 존재하는 것만으로는 존재할 수 없다는 데 있다. 그에게는 처음부터 나무나 새들에게 주어지지 않은 사명이 부여되었다. 미국 소나무와 한국 소나무가 똑같고 소련 꾀꼬리와 제주도 꾀꼬리가 같은 소리로 울지만 사람은 그렇지 못하다. 사람은 사람다워야 사람인데 사람다운 사람이 되는 길은 그가 처한 상황과 떨어져서는 찾을 수 없는 것이기 때문이다. 분단된 조국에서 살아가는 사람이 사람됨의 길을 찾아나가는 것은 그렇지 않은 곳에서 살아가는 사람의 그것과 형태가 동일할 수 없다.

그럼에도 불구하고 모든 시대, 모든 상황에 통하는 하늘의 명령은 무엇일까? 우리는 그것을 찾아야 한다. 우리에게 "살아라"라는 명령과 함께 내려진 "이렇게 살아라"라는 좀더 구체적이고 포괄적인 명령을 되찾아야 한다.

우리가 이 난감한 시절에 태어날 때에 우리보다 먼저 주어진 일거리는 무엇인가? 우리가 전달하기로 하고 받은 메시지는 무엇인가? 잊었다면 그것을 명령권자에게 되물어볼 일이다. 다행히도 우리에게는 그분과 통화할 전화선이 남아 있다. 기도, 명상, 봉사를 통한 종교 활동이 그것이다.

이를 위해 저마다 유별난 종교인이 될 필요는 없다. 그러나 이 민족이 잃어버린 하늘을 되찾기 전에는 민주화, 통일, 이 모든 아름다운 구호가 다만 헛된 구호로 끝나고 말 것이다. 공산주의 북조선을 사랑하여 저들로 하여금 온갖 범죄에도 불구하고 살아남게 하는 하늘, 이 '하늘'을 찾는 일을 젖혀두고는 우리의 모든 노력이 한갓 헛된 수고가 되고 말 것이다.

그 날에 애굽에서 앗수르로 통하는 대로가 있어 앗수르 사람은 애굽으로

가겠고 애굽 사람은 앗수르로 갈 것이며 애굽 사람이 앗수르 사람과 함께 경배하리라 그 날에 이스라엘이 애굽 및 앗수르와 더불어 셋이 세계 중에 복이 되리니 이는 만군의 여호와께서 복 주시며 이르시되 내 백성 애굽이여, 내 손으로 지은 앗수르여, 나의 기업 이스라엘이여, 복이 있을지어다 하실 것임이라(이사야 19:23~25)

남한의 하나님은 북조선의 하나님이시다. 우리가 알든 모르든 상관없이. 심지어는 하나님 당신을 부정함에도 불구하고! 이 하나님을 모시는 날, 우리 모두 참하늘을 되찾는 날, 그날에 우리 사이의 적개심은 우정으로 바뀔 것이다.

사람들이 '하늘'을 되찾는 날, 그분이 이미 내리신 사명을 되찾는 날, 그날에 모든 민족이 함께 살면서 함께 예배할 것이다. 지상의 모든 민족, 모든 인간이 하늘의 택함을 받은 민족이 되고, 한 형제자매로서 인간은 물론 지상에 존재하는 모든 것들이 어우러져 함께 걸어갈 한길에 나설 것이다.

누가 사람인가(Who is man).

하나님의 꿈과 계획을 함께 품고 해산의 고통을 겪는 존재, 세계를 구원하고 땅과 하늘을 화해시키는 하나님의 꿈, 그분의 참된 형상이며 그분의 지혜, 정의 그리고 사랑을 반영하는 인류에 대한 그분의 꿈을 함께 꾸는 존재다. 하나님의 꿈은 그분만의 꿈일 수 없다. 그 꿈은 계속되는 창조의 드라마에서 한 배역을 담당한 인간과 함께 꾸어야 하는 꿈이다. 우리는 무슨 일을 하든 간에 우리의 행동 하나하나로 구원의 드라마를 전개시켜 나가든가 아니면 가로막든가 한다. 악의 힘을 약화하든가 강화하든가 한다.(『누가 사람이냐?』, 110쪽)

열한 번째 강의

세례는 꼭 받아야 돼요?

예수님이 가르쳐주신 것은, 너희가 앞으로 이렇게 저렇게
하면 그 공으로 구원받게 될 것이라는 게 아니라, 너희는
이미 구원을 받았으니 그 사실을 깨닫고 나와 함께 구원
받은 자의 삶을 살아가자는 것이었어.

⚜

　　　　　오늘로 '그리스도의 몸, 교회'를 주제로 한 이번 강의를 마친다. 그동안 재미없고 지루한 이야기 듣느라고 고생 많았구나. 솔직히 말해 아버지도 좀 힘들었어.
　자, 오늘은 아무 제목도 내걸지 말고 뭐든지 궁금한 것을 자유롭게 질문하고 함께 대답을 찾아보도록 하자. 어떠니?
　__좋아요. 뭐든지 물어봐도 돼요?
　되고말고.
　__예수 그리스도라고도 하고 그리스도 예수라고도 하는데 어떤 게 맞아요?
　둘 다 맞지.
　__그런데 왜 다르게 불러요? 하나로 통일하지 않고.
　그럴 필요가 뭐 있니? 이현주 목사라고도 할 수 있고 목사 이현주라고도 할 수 있잖아?

__그게 그런 식으로 다른 거예요?

적절한 예는 아니지만 비슷해. 그리스도는 천지창조 이전부터 있었던 하나님의 '말씀〔명(命) 또는 도(道)〕'이고 그 말씀이 한 인간의 몸으로 나타났는데 그분 이름이 예수라고 보면 그다지 틀린 생각은 아닐 게다. 다음 질문!

__교회에는 꼭 나가야 돼요?

왜 그런 질문을 하는 거냐?

__가봐도 재미가 없고, 만날 똑같은 말만 듣고……. 시간 낭비 같아서요.

너희들 정도의 신앙 수준에서는 비록 시간 낭비 같더라도 교회에 다녀야 한다고 생각해. 전에도 말했지만 '교회' 없이는 신앙도 구원도 없거든. 그리고, 네가 인마 무슨 시간을 그렇게 쪼개 쓰는 유명 인사냐? 교회 가는 시간을 아껴서 뭐 하려고 그래?

__차라리 그냥 멍하니 앉아 있더라도, 교회에 가서 말도 안 되는 소리만 잔뜩 듣고 속상한 것보다는 낫잖아요?

말도 안 되는 소리라니?

__천주교는 우상숭배하는 데고 불교는 마귀 새끼들이래요. 아버지 말씀하고는 너무 다르잖아요? 그런 말을 들으면 화도 나지만 뭐라고 따질 수도 없고, 그냥 답답해서 내가 여기 왜 앉아 있나, 그런 생각만 들어요.

네 말을 들으니 나도 답답해지는구나. 그래, 너 같은 학생들을 답답하게 만드는 한국 교회의 현실은 정말 문제야. 그러니 이걸 어쩌면 좋겠니? 그렇다고 해서 교회를 뛰쳐나온다는 건 아무래도 찬성할 수 없구나. 아버지가 이만큼이라도 예수님을 알고 또 교회의 잘못된 점을 지적하며 그것을 고쳐나가고자 작은 힘으로나마 애를 써보는 것도 결국은 '교회' 안에서 자라며 배운 지식 덕분이라는 걸 알기 때문이야. 교회는 어머니와 같단다. 오늘 나를 있게 한 모태(母胎) 말이야. 그런데 그 어머니가 마음에 안 든다고 해서 버리고 다른 어머니로 바꿀 수는 없잖니? 더구나 너는 아직 신앙이 성숙하지 못한 상태야. 그러기에 더욱 교회를 떠나는 건 위험하단 말이다. 그래도 천주교가 우상숭배를 한다느니 하는 말을 듣고 화가 나고 답답하다니 그것만으로도 반갑구나. 그만큼 너에게는 나름대로 생각의 방향이 바르게 섰고 판단할 수 있는 능력이 생겼다는 증거니까.

쉽게 교회를 떠날 생각을 하지 말고 그 교회를 뜯어고쳐, 너의 후배들부터라도 너처럼 답답해서 교회를 뛰쳐나가고 싶다는 생각을 하지 않도록 만들 생각은 없니? 가만 살펴보면 너와 비슷한 고민을 안고 있는 친구들이 분명 있을 거야. 한둘이라도 좋으니 함께 만나서 고민을 나누고 쉬운 것부터 너희 힘으로 감당할 수 있는 해결책을 찾아보아라. 반드시 있을 게다. 좋은 책이 많이 나와 있으니 돌려가며 읽고 생각을 나누는 독서모임을 해보는 것도 한 방법이지. 공자님은 "세 사람이 길을 가면 거기 반드시 나의 스승이 있다(三人行, 必有我師)"고 하셨어. 훌륭한 사람을 보면 나도 저렇게 해야지, 하고 그릇된 사람을 보면 나는 저러지 말아야지, 하면 둘 다 좋은 스승이 될 수 있다는 뜻이야. 너에게 그럴 마음이 간절하고 또 그만한 성의가 있다면 훌륭한 선생님이 있는 교회뿐만 아니라, 타락한 교회, 병든 교회 안에서도 얼마든지 건강한 신앙인으로 자랄 수 있다고 나는 생각해. 성령님께서 틀림없이 도와주실 테니까.

중세기 타락한 교회의 어두운 그늘에서 마르틴 루터가 나오고 부패한 영국 국교의 두엄더미에서 요한 웨슬레(John Wesley)가 나왔다는 사실을 명심하여라. 루터는 가톨릭을 끝내 버리지 않았고 웨슬레 또한 성공회를 끝까지 자신의 교회로 삼았다는 사실과 함께. 이유야 어디에 있든, '교회'를 떠난다는 건 생각조차 하지 마라. 그건 그리스도인의 자세가 아니야. 어머니가 병들었다고 버려두고 가출을 하면 그게 어디 사람이 할 짓이냐? 정성껏 치료하여 다시 건강한 어머니가 되도록 할 수 있는 모든 일을 해야지. 안 그래? 그러니 교회에는 꼭 나가야 해. 적어도 네가 지금 아버지만큼이라도 신앙이 익는다면 그땐 대답이 달라질 수도 있겠지만.

_세례는 꼭 받아야 돼요?

그러고 보니 기림이는 아직 세례를 받지 않았구나? 두 언니는 젖먹이 때 세례를 받았는데……. 왜? 받고 싶지 않아서 그러니?

_그건 아니지만, 교회에서 세례를 받으라고 해서요.

세례란 기독교에서 치르는 아주 중요한 의식(儀式)으로서, 낡은 사람은 그리스도와 함께 죽고 새 사람으로 그리스도와 함께 산다는 뜻을 담고 있단다. 따라서 세례를 받기 전에는 아직 그리스도인이라고 할 수가 없는 거야. 그러나 그런 깊은 뜻을 알고 그 뜻을 자신의 몸으로 실현하겠다는 의지 없이, 그냥 세례를 받아야 신자가 된다니 받아두자는 식으로 받는다면, 그건 반대다. 물론, 세례를 받았다고 해서 자동으로 그리스도인이 되는 건 아니지. 세례 받은 악마가 얼마나 많은지 아니? 세례는, 이제부터 정말 그리스도인으로 살아가겠다는 마음이 생겨날 때 받으면 돼. 세례를 받는 것으로 신앙 여정(旅程)이 끝나는 게 아니라 출발하는 것이라는 점을 명심하도록 해라.

___기독교인이 술을 먹고 담배를 피워도 되는 거예요?

원칙을 말하면, 술 먹고 담배 피우는 것과 기독교인 되는 것은 아무 상관이 없어. 그러니까 술 먹어도 되고 담배 피워도 돼. 물론 안 먹고 안 피워도 되고. 같은 기독교인데 루터교나 성공회나 천주교에서는 그런 걸 허용하잖니? 우리나라에서는 개신교에서 술, 담배를 금하는데 그건 선교사들이 그렇게 법을 만들었기 때문이란다. 사실 술 먹고 담배 피우는 것이 사람 몸에 그다지 좋은 건 아니니(그것 자체가 해롭다기보다 적당한 양으로 절제하지 못하게 하기 때문에) 될 수 있으면 금하는 것이 좋지만 그걸 마치 하나님의 법이나 되는 듯이 무조건 강요하는 것은 옳지 못하다고 생각해. 성경 어디를 봐도 술이나 담배를 하면 안 된다는 법은 없어. 더군다나 담배는, 성경에 담배라는 말도 나오지 않아. 성경이 기록되던 시절에 담배라는 게 없었으니까. 간혹 "배부르게 못 할 것을 위하여 은을 달아주지 말라"는 성경 말씀을 인용하여, 성경에 담배를 피우지 말라고 하지 않았느냐고 말하는 사람도 있던데 그럼 아무리 마셔도 배가 부르지 않는 산소는 왜 마시냐? 그렇게 자기주장을 세우기 위해 억지로 성경을 인용하는 버릇은 당장 고쳐야 해. 아주 못된 버릇이야. 마귀가 그런 짓을 곧잘 하거든. 그러나 이건 어디까지나 원칙이 그렇다는 얘기고, 현실에 돌아와서는 술, 담배를 금하는 게 좋아. 술이나 담배나 습관성 중독자가 되기 쉽거든. 그러면 그건 술, 담배를 먹는 게 아니라 술, 담배에 먹히는 거야. 그건 반드시 금

해야 해. 그래서 아직 성인이 되지 못한 나이에는 강요해서라도 술, 담배를 금하는 게 옳다고 나는 생각한다. 대답이 잘됐는지 모르겠구나.

__믿음으로 구원받는다는 말이 무슨 뜻이에요?

예화를 하나 들려주마. 일제 말기에 독립투사 두 사람이 일본 헌병을 죽이고 도망을 쳤어. 당연히 수배령이 내렸지. 잡히기만 하면 죽는 거야. 두 사람은 금강산 깊은 골짜기에 몸을 숨겼지. 바깥세상이 어떻게 돌아가는지 모르고 짐승처럼 살았어. 라디오가 없으니 세상 일을 알 턱이 없지. 8월 15일, 해방이 되었지만 두 사람은 여전히 '일제하(日帝下)'에서 숨어 지내는 거야. 알아듣겠니?

그러던 어느 날, 나무꾼이 산 속 깊이 들어갔다가 숨어 지내는 두 사람을 보았지.

"여보시오, 여기서 뭐 하고 있는 거요?"

"일본 헌병을 죽이고 숨어서 살고 있소."

"저런, 괜한 고생을 하시는구려. 해방이 되어 일본놈들 다 쫓겨 갔소. 그러니 나와 함께 마을로 내려갑시다."

나무꾼이 기쁜 소식〔福音〕을 들려 준 거야. 한 사람은 그 말을 믿고 다른 사람은 안 믿었지. 믿은 사람은 나무꾼과 함께 마을로 내려와 해방된 몸으로 자유를 누리며 살았고 믿지 않은 사람은 여전히 산 속에서 해방되지 못한 몸으로 숨어서 살았단다.

이제 믿음으로 구원받는다는 말의 뜻을 좀 알겠니? 예수님이 오셔서 복음을 전하셨어. 하늘나라가 가까이 왔고 또 하나님께서 모든 죄인을 용서하셨다고. 그 말을 믿고 예수님을 따라나서는 사람은 구원을 받고 안 믿는 사람은 못 받는 거지. 해방된 세상에서 숨어 사는 사람처럼, 구원받은 몸이면서도 여전히 구원받지 못한 사람으로 남아 있는 거야. 예수님이 가르쳐주신 것은, 너희가 앞으로 이렇게 저렇게 하면 그 공으로 구원받게 될 것이라는 게 아니라, 너희는 이미 구원을 받았으니 그 사실을 깨닫고 나와 함께 구원받은 자의 삶을 살아가자는 것이었어. 구원은 무슨 조건을 붙여 우리에게 약속된 미래의 사건이 아니라 조건 없이(값없이) 우리가 아직 죄인일 때에 일방으로 이루어진 과거의 사건이야. 오직 믿음으로 구원받는다는 말은 '믿음'이 과거의 사건을 오늘 우리에게 현재의 사건으로 만들어준다는, 그런 뜻이란다. 그 '믿음'은 말이 아니라 예수님을 따라나서는 행동이지. 만일 산에 숨어 살던 사람이 나무꾼 말을 듣고 "옳소, 당신 말이 맞소. 당신 말을 믿어요, 믿어!" 하며 떠들기만 하고 실제로 따라서 내려오지 않았다면, 처음부터 믿지 않은 사람과 다를 게 하나도 없지 않겠니? 그래서 행함이 없는 믿음은 죽은 믿음이라고 야고보 선생님이 말씀하신 거야. 파울 틸리히라는 신학자는 같은 내용을 이렇게 표현했지. "믿음이란 당신이 하나님께 용납되었다(to be accepted)는 사실을 용납하는(to accept) 것이다."

믿음은 하나님께서 조건 없이 베푸는 은총에 대한 우리의 응답이란다. 저쪽에서 아무리 좋은 선물을 주어도 이쪽에서 받지 않으면 소용이 없지 않겠어? 그래서 아버지가 구원은 하나님과 인간의 합작품(?)이라고 말한 거야. 합작품이란 말을 오해하면 안 돼. 어디까지나 구원의 주체는 하나님이신데 다만 우리 인간 쪽의 응답(믿음)이 없이는 그 구원이 효력을 나타낼 수 없다는 뜻에서 한 말이니까.

__ '예언자'란 어떤 사람들인가요?

한마디로 하나님의 말씀을 전하는 자야. 성경을 읽어보자. 하나님이 예레미야를 예언자로 뽑아 세우시는 대목이다.

> 여호와의 말씀이 내게 임하니라 이르시되 내가 너를 모태에 짓기 전에 너를 알았고 네가 배에서 나오기 전에 너를 성별하였고 너를 여러 나라의 선지자로 세웠노라 하시기로 내가 이르되 슬프도소이다 주 여호와여 보소서 나는 아이라 말할 줄 알지 못하나이다 하니 여호와께서 내게 이르시되 너는 아이라 말하지 말고 내가 너를 누구에게 보내든지 너는 가며 내게 네게 무엇을 명하든지 너는 말할지니라 너는 그들 때문에 두려워하지 말라 내가 너와 함께 하여 너를 구원하리라 나 여호와의 말이니라 하시고 여호와께서 그의 손을 내밀어 내 입에 대시며 여호와께서 내게 이르시되 보라 내가 내 말을 네 입에 두었노라 보라 내가 오늘 너를 여러 나라와 여러 왕국 위에 세워 네가 그것들을 뽑고 파괴하며 파멸하고 넘어뜨리며 건설하고 심게 하였느니라 하시니라(예레미야 1:4~10)

흔히 예언자를 점치는 사람으로 아는데 잘못이야. 그의 주된 일은 하나님의 말씀을 받아서 사람에게 전하는 것인데 언제나 '그 시대의 양심' 노릇을 했지. 말씀을 받아서 전했다고 하여, 무당이 공수(죽은 사람의 말이라면서 전하는 말)하는 것을 생각해서는 안 돼. 무당은 넋이 나가서 자기가 무슨 말을 하는지도 모르고 떠들지만 예언자는 맑은 정신으로 자기가 무슨 말을 하는지 잘 알거든. 그래서 예언자들이 활약한 시대에 따라 또 예언자들의 성격에 따라 예언의 내용과 틀이 조금씩 다르단다. 예컨대, 호세아는 사랑과 용서를 외쳤고, 아모스나 미가는 정의로운 심판을 외쳤고, 예레미야는 나라의 파멸을 외쳤지. 아무튼 예언자 전통(왕이나 사제직과 달리 세습제가 아님)은 이스라엘 역사를 버텨온 중요한 기둥 가운데 하나로서 인류가 함께 자랑할 만한 정신적 유산이라고 할 수 있어.

__예언자들이 앞날을 예고하기도 했잖아요?

물론 그랬지. 그러나 그건 점쟁이들이 점치는 것과 달랐어. '오늘'을 꿰뚫어 볼 수 있는 눈을 지닌 사람은 내일을 내다볼 수 있는 법이야. 예언자들은 남들보다 더 밝고 날카로운 눈을 지닌 사람이라고 볼 수 있지. 그래서 구약에서는 그들을 선지자(先知者) 또는 선견자(先見者)라고 부르기도 해. 선지자란 남보다 먼저 안다는 뜻도 있고 앞날을 먼저 안다는 뜻도 있어. 영어 성경에는 그냥 '보는 사람(Seer)'으로 되어 있단다. 남들이 보고도 못 보는 것을 보는 사람, 듣고도 못 듣는 것을 듣는 사람, 그런 사람이 예언자였지. 거기에다 한마디 덧붙인다면, 하나님 외에 아무도 두려워하지 않는 '입'을 가진 사람이 바로 예언자야.

__'포스트모더니즘'이 뭐예요?

글쎄, 사실은 나도 잘 몰라. 포스트모더니즘을 설명하는 책도 두껍게 나온 모양이더라만 아직 읽어보지 못했어. 책방에 서서 대충 훑어보니 어렵더라. 그렇지만 포스트모더니즘이 무슨 말인지야 짐작하지. 말 그대로 읽으면, 포스트(post)가 무엇 무엇 이후라는 뜻이니까 '모더니즘(modernism) 이후'라는 뜻 아니겠니? 모더니즘이란 흔히 '근대주의'라고 번역하는가 보더라만 르네상스 이후 인간의 이성(理性)을 중시하며 과학과 논리를 바탕으로 세운 정치, 종교, 문화, 예술 기타 모든 분야의 인간 중심 문명을 가리킨다고 보면 될 거야. 여기서는 무엇보다도 합리성과 과학성이 중요하게 추구되지. 그런데 이제 그 문명이 전반적으로 무너지고 있다는 거야. 엄격한 과학적 추리를 바탕으로 한 철학, 문학, 예술뿐만 아니라 정치체제까지도 그 바탕에서부터 흔들리고 있다는 거지. 포스트모더니즘의 대표적 현상이 바로 소련 공산당의 붕괴라고 주장하는 이들도 있어. 공산주의의 토대를 쌓은 카를 마르크스나 레닌의 철학과 투쟁이 자랑하는 것은 그 누구도 따라오기 어려울 만큼 엄밀한 '과학성'이었는데, 바로 그 합리적 과학성이 무너지니까 거대한 제국이 와해되고 말았다는 거야. 물리학에서도 뉴턴이나 데카르트 같은 모더니즘의 아버지들이 세운 가설과 논리가 그 후예들에 의하여 부분적으로 부정되고 있는 실정이거든. 그 바람에 지금까지 '권위'를 가지고 힘을 발휘하던 여러 가지 규범과 체제가 한꺼번에 무너져 내리고 정치, 경제, 문화, 예술 따위 모든 부문에서 다원화(多元化) 현상이 나타나게 되었는데, 그런 걸 가리켜서 포스트모더니즘이라고 하는 모양이더라. 말하자면 권위 상실 시대로 접어들었다고나 할까?

자, 이제 그만! 오랫동안 좀이 쑤시는 걸 앉아 있느라고 고생들 했다. 풀어줄 테니 각자 자기 위치로 돌아가거라. 방학이 얼마 안 남았지? 방학하거든 그때는 지금처럼 아버지의 머릿속에만 오지 말고 싱싱한 육체와 더불어 오너라.